현대신서
188

평 화

국가의 이성과 지혜

모니크 카스티요

장정아 옮김

東 文 選

평 화

Monique Castillo

La Paix

Raison d'État et sagesse des Nations

This edition was published by arrangement
with HATIER, Paris
through Sibylle Books Literary Agency, Seoul

차 례

서 론

현실주의적 관점은 자연스럽게 전쟁 불가피성을 받아들이게 된다. 일반 사전에 따르면 '이상주의자'는 전쟁을 막을 수 있는 어떤 평화 개념을 믿는 자이며, '현실주의자'는 알력 관계라는 세계의 법칙에 만족하는 자이다. 이런 의미에서 충돌이 일어날 경우 가장 자연스러운 해결책으로 폭력 행사를 생각하는 것은 현실주의적이다. 그런데 전쟁이 평화보다는 좀더 실현 및 예측 가능하다고 확신하는 이는 스스로를 호전주의자라고 말할까? 현실주의자라고 자처하며 힘을 이 세계의 유일한 법으로 믿는 이는 그러한 자신의 신념에 따라 전쟁이라는 방책 전체에 찬사를 보내게 될까? 불신이나 환멸을 통해 평화에 대한 수많은 환상에 빠지지 않으려는 이가 있다고 해서 그가 스스로를 전쟁 옹호자라고 밝힐지는 확실하지 않다. 이 미묘한 차이는 문제의 핵심에 닿는다. 개인간·국가간 인간 관계의 **정상 상태**는 전쟁인가 평화인가?

1. 전쟁의 원인, 평화의 근거

전쟁철학은 인간간 · 국민간 관계의 정상 상태가 폭력 · 적의 · 악의임을 그 원리로 받아들일 것이다. 마키아벨리는 이 원리를 정치 권력의 기반으로 삼았다: "하나의 국가를 세우고 통치하는 이는 모든 인간이 악하다고 전제할 필요가 있다."[1] 17세기의 홉스는 인간이 천성적으로 서로가 적이라고 밝힌다. 인간 관계의 본래적인 상태는 제각각이 맞서는 전쟁이라는 것이다. 제1차 세계대전 이후 《서양의 몰락》의 이론가 슈펭글러는 성 · 종족 · 사회적 신분 간의 타고난 차이는 생생하고 풍부한 적의를 통해서만 경험 및 완수되며, 그 적의의 미래는 영속한다고 생각한다. 1930년대에 와서 독일 법학자 칼 슈미트는 적을 지목하는 것, 즉 국민에게 적과 전쟁 실행 이유를 지목해 줌으로써 그들의 단일성과 정체성을 부여하는 것만이 정치의 역할이라고 생각한다. 무엇이 적인가? 다른 자, 낯선 자이다. 더 정확히 말해 함께 있으면 서로 이해할 수 없으며 조화가 불가능한 자이다. 따라서 전쟁은 이타성의 극단적인 형태를 의미한다.

전쟁철학의 독특한 명제들은 그 논거 유형에 따라 다음과 같이 분류할 수 있다. 첫번째는 인류학 분야에서 출발한 것으로, 전쟁은 인간 본성의 일부라고 생각한다. 두번째는 정치 분야에

---

1) 마키아벨리, 《티투스 리비우스의 첫번째 10권에 관한 논문》(1531), 1권, 3권.

서 비롯한 것으로, 정치는 모두 전쟁에 기초해 있으며 전쟁에 의해 정당화된다고 생각한다. 세번째는 삶의 법칙 또는 역사의 법칙을 내세워 전쟁이 가치 · 질서 · 정의의 설립자라고 생각한다.

평화철학은 반대로 전쟁이 인간 관계의 통상적인 상태가 아니며, 평화를 국민간 관계의 정상 상황으로 확립할 수 있다고 전제한다. 이 원리의 진전을 위해서는 전쟁을 생각하는 방식이 변형되어야 한다. 이와 같이 1625년에 발표된 《전쟁과 평화의 법》의 저자 그로티우스는 전쟁을 평화에 이르는 방법으로 이해한다. 더 눈길을 끄는 것은 아마도 17세기와 18세기의 저서들일 것이다. 거기에는 모든 전쟁을 결국 종식시킬 프로그램들이 전개되어 있다. 생 피에르 신부(1713)와 칸트(1795)가 생각한 영구평화의 기획에서 전쟁은 국가 지고의 법이 아니다. 켈로그 브리앙 조약(1928)과 국제연맹(1919-1945)은 전쟁을 온전한 정치 목표로 여기지 않고자 했다. 이러한 시도에는 공통적으로 전쟁이 불가피한 것이 아니라고 전제하는 또 다른 판단 규범이 있다.

2. 법과 사실들

그런데 전쟁철학과 평화철학 사이에는 결정적인 차이가 존재한다. 평화 이론은 경우에 따라 전쟁을 완화 · 제한 · 금지하는 것을 목표로 할 수 있지만, 그 어떤 경우에도 법이라는 방법을 중시할 수밖에 없다. 평화 이론은 평화의 적에 대한 담론을 이론적으로 반박할 수 있다고 판단할 수 있는 언어 세계 속에서 원리와 개념, 즉 근거와 정당화의 차원에 위치하기 때문이다. 평화 이론은 공적인 것, 그리고 합의에 의해 적법한 것이 되고자 하는 하나의 사유인 것이다. 따라서 평화가 전쟁보다 우위에 있다는 주장은 무엇보다 합리적인 방법으로 이루어져야 한다.

평화는 두 전쟁의 사이, 적의가 되살아나기 전 충돌의 일시적 중단에 지나지 않을 수 있다. 평화가 온전히 국제적인 목표가 되려면 생각과 의지의 일치를 추구하는 국가간 기구라는 개념이나 모델이 존재해야 한다. 따라서 평화 개념은 우선 세계의 운명을 국가간 연대의 진전과 결부시키는 어떤 합리적인 체계로 모습을 드러낸다. 국민들의 보통법에 기초해 있다면 평화는 평화적이고 온전히 법적인 방법으로 이루어질 수 있을 것이다.

그러나 이 합리적 이상은 역사의 시험과 가르침을 피해 갈 수 없다. 그런데 역사를 통해서 보면 전쟁은 국가의 사활이 걸린 이익에 뿌리를 두고 있다. 대립하는 것은 개인이 아니라 삶과 자유의 불균등한 기회로 인해 분화된 국민 대중인 것이다. 자유가 권력 없이는 아무것도 아니라면, 따라서 그 누구도 국가와 군대의 힘 바깥에서 자유롭지 않다면 전쟁은 국민이 실존과 독립을 확보하기 위해 치러야 할 대가로 보인다. 그렇지만 세계대전을 경험했으며, 강력한 핵의 시대에 살고 있는 우리는 새로운 유형의 의문에 봉착하게 된다. 전적인 지배나 무조건적인 항복이 전면전과 관계 있는 이상, 방법들이 가지는 힘은 결국 평화에 제 조건을 강요하는 게 아닐까?

우리는 충돌의 잠정적인 세계화 앞에서 평화의 세계화를 고려하거나, 적어도 평화라는 문제를 세계적 규모로 가늠하게 된다. 우리는 누구나 전 세계의 새로운 역사가 전쟁 자체만큼이나 실현되기 어려운 평화의 운명과 함께하리라는 의식을 갖고 있다. 그런데 평화가 이제는 법칙의 조건보다 기술의 소름끼치는 방법에 더 좌우되기 때문에 그것을 '받아들이게' 된다면, 그것은 부정적인 평화, 새로운 폭력을 야기하는 전쟁의 부재가 될 위험은 없는가? 그리고 생존이 지고의 쟁점이 된다면, 하나의 세계 정부의 지배를 최악의 경우를 고려해서 결국 바람직한 해결책으로 인정해야 할 것인가? 또 다른 현실주의에 일임하지 않으면 그 현실주의는 국가들의 의지를 비합리적인 것으로, 국가들의 지혜를 불가능한 것으로 여기지 않는다고 단언할 것이다.

I

평화의 개념

군주의 것이든 국민의 것이든 주권에 대한 모든 이론은 다음 원리를 받아들인다. 전쟁을 하는 것이 하나의 법이라는 것이다. 정치 권력의 행사는 내적 차원에서는 평화를 보장하는 것이고 외적 차원에서는 전쟁에 맞서는 것이므로, 시민의 평화와 전쟁은 같은 것에서 유래한다: "군주가 시민에게 '네가 죽는 것이 국가를 위해 필요하다'고 말할 때 그는 죽어야만 한다. 그가 지금까지 안전하게 살았던 것은 오직 이 계약 조건하에서였기 때문이다."[1]

따라서 주권은 힘과 법 모두를 나타낸다. 국가는 전쟁을 통해 자신의 법, 즉 국가가 스스로에게 부여했던 헌법을 지키고, 그렇게 해서 제 힘도 확고히 한다. 힘은 법칙을 준수해야 하기 때문이다. 그런데 법의 이름으로 전쟁이나 인류에 반하는 범죄를 저지를 때 전쟁의 폭력은 오히려 힘이 법 전체 범위를 넘어서는 곳에 위치하는 방식을 드러내지는 않는가?

---

1) 루소, 《사회계약론》(1762), 2권 5장.

1. 전쟁은 정당화될 수 있는가?

폭력은 비난도 구속도 받지 않는 양상인 체하려고 심판관을 스스로 인정하지 않으며, 폭력의 가혹 행위는 선과 악, 정당함과 부당함이 미치지 않는 법 없는 상태로 되돌아간다. "전쟁은 이런 거야." 우리는 힘의 지배를 경험하면서 이를 '정당화하기' 위해 때때로 말한다. 그런데 이렇게 하나의 사실——이 앞에서 의식은 무력함을 시인한다——로서 주어진 것을 하나의 원리로 주장하는 일이 가능한가?

위고 그로티우스의 저서 《전쟁과 평화의 법》은 전쟁과 평화를 언어와 판단의 똑같은 양태, 즉 법의 양태로 가늠하기 위해 원리의 차원에 위치한다. 그는 전쟁을 가장 야만적인 폭력의 단순한 분출로 축소 해석할 수는 없다고 판단한다. 그러한 해석은 이성 자체가 완전한 인간으로서 거부하는 어떤 인간 이하이거나 동물적인 무책임을 내세울 것이기 때문이다. 전쟁은 야만적인 행위로 국한된 의미에서는 '본성적'이라고 말할 수 없다. 전쟁 당사국들은 서로의 권리와 의무를 안다. 말의 사용 권한을 가지고 있는 전쟁 당사국들은 어떤 일반 원리에 따라 판단 및 행동하며, 정당함을 증명하는 근거나 이유 없이는 전쟁을 하지 않는 것이다. 본성적이라고 할 수 있는 어떤 법에 대해 말하기 위해서는 인간의 본성에서 출발하는 것이 바람직하다. 전쟁 당사국들이 행하는 전쟁에는 인간의 이성적이고 사회적인 본성이 온전히 내포되어 있기 때문이다.

따라서 전쟁을 가장 힘센 자의 단순한 이성으로 보는 것은 사악한 단언일 뿐이다. 즉 어떤 설명도 없이 그렇게 정당화할 수 없다고 제시하는 방식은 결과적으로 전쟁 동기의 부당함을 찾을 수 없게 만들 뿐이다. 그러므로 가장 먼저 던져야 할 물음은 전쟁이 정당화될 수 있는지, 정당하다고 즉 정당화할 수 있다고 말할 수 있는 어떤 힘의 사용으로 인정될 수 있는지를 알아보는 데서 나온다. 달리 말하면 힘을 행사하기 위해 법을 어기는 일이 허락되는 순간은 어떤 때인가?

그런데 모든 전쟁은 전쟁을 시도하거나 받아들이는 국가가 주관적인 입장에서 정당하다고 판단한 것이다. 전쟁은 적의 부당함에 대한 반격으로 나타날 때, 그리고 악의에 찬 적에 대항하는 것이기에 옳다고 평가되는 어떤 정당한 이유를 통해 정의를 재수립할 의무를 변명으로 내세울 때 **도덕적인** 의미에서 '정당한' 것으로 여겨진다. 그러나 그때 전쟁은 보복이라는 한쪽만의 법에 부합하고, 과오를 벌하는 처벌용 전쟁이 된다. 평화를 포기할 수 있는 의무를 함축하는 정당함에 대한 이 도덕 개념은 전쟁의 필연성이나 불가피성을 윤리적으로 자명한 것으로 상정하는 결과를 가져온다.

그로티우스는 다른 방식을 사용한다. 그에게 있어서 전쟁의 정당성을 모색하는 것은 일종의 공통 심판관에 의거하는 일이다. 이때 공통 심판관은 모든 인간에게 공통되며, 인간 이성에 뚜렷하게 새겨져 있는 자연법이다. 전쟁은 잘못된 '정당한 이유'로 시도되어 부당할 수 있기 때문에 정당한 전쟁 그 자체의 이론을 **정당화할** 수 있어야 한다. 법에 부합하는 것은 '정당하다'고 말할 수 있다. 따라서 단순히 복수하고 징벌하려는 욕망으로 고취된 어떤 국가의 고집과 관련 있는 것은 '정당하다'고 말할 수 없다. 전쟁이 도덕적인 해결책으로 간주되는 한 전쟁을 바람직하고 필연적인 목적 자체로 삼는 데서 위험은 시작된다. 그런데 전쟁은 단지 '힘으로 분쟁을 종식시키는 자들의 상태'이기 때문에 법을 재수립하는 방법일 때에만 정당화될 수 있다. 일단 평화를 재수립하면 전쟁시의 행위는 바로 그 예외적인 성격 안에서 인정될 수 있어야 한다. 전쟁을 위한 법만 있는 것이 아니다. 전쟁의 법도 있다: "전쟁의 법은 이른바 우리가 적에 대해 부당함 없이 행동할 수 있다는 것이다."[2] 전쟁의 법을 생각하는 것은 결국 전쟁을 규칙에 위임하는 일이다. 전쟁은 특히 공식적인 선언의 대상이어야 한다. 그러한 선언이 없다면 전쟁은 한낱 약탈에 불과할 것이다.

전쟁에 대한 사유는 이렇듯 그로티우스와 함께 사실들의 방법과는 또 다른 방법, 즉 평화를 고려한 이론적인 방법으로 깊이를 더한다. 전쟁은 평화를 복원하는 방법일 때에만 정당화된다. 전쟁은 목적 그 자체가 아니라 단순한 도구이며, 필요할 때에만 정당성을 부여받을 수 있고, 다른 방법이 전혀 없을 때에만 필요한 것이다. 이 도구는 공통 심판관이 없어 소송이 불가능하거나 (예속 상태에서) 평화가 전쟁보다 더 나쁠 수 있을 때 소송의 방식을 대신한다. 전쟁의 법을 말하는 것은 전쟁이 평화를 방해하지 않는 것으로 사유되고 원해지며 실천될 수 있음을

---

2) 그로티우스, 《전쟁과 평화의 법》, I, I, §III, 1.

전제로 한다.

2. 법에 의한 평화

전쟁을 정당화하려는 노력이 결과적으로 평화를 보는 새로운 방법을 자극하는 것이 의외로 보일 수 있다. 새로운 점은 전쟁과 평화를 법의 전개와 연결하는 데 있다. 국가들이 적의를 느낄 때조차 공동의 의무를 서로 인식할 수 있는 것은 법을 국제적인 삶 전체로 확장하는 길을 연다. 확실히 교전국간의 상호 존중이라는 통상 규칙은 특별 협정처럼 언제나 존재했다. 몇몇 국가 사이에 사전에 선별적으로 결정되어서 말이다. 하지만 전쟁이 평화와 마찬가지로 모든 국가에 적용되는 법을 따르기 위해서는 보편적인 규범이 있어야 한다. 모든 이들이 확인할 수 있고, 분쟁으로 인해 분열이 생기기 전에도 존재하는 규범 말이다. 그러한 규범은 불확실할 수도, 임시적이거나 임의적일 수도 없다. 그것은 그 강제력이 원래 인간 이성에서 파생된다는 점에서 소위 본성적인 것, 다시 말해 보편적이고 필연적인 것이다. 그로티우스와 그의 계승자들이 도입한 새로움은 모든 사람에게 공통되며 본래적인 그러한 **보편적인 자연법**의 원리를 규정하고 정착시킨 것이며, 그것을 합리적인 추론 방식으로 제시한 법학 용어를 통해 공개적으로 확인할 수 있게 만든 것이다.

역사가들은 그로티우스를 근대 국제법의 창시자라고 흔히 말한다. 그 이유는 그가 만민법, 즉 국가들의 법(Jus gentium)의 근거를 인간 본연의 사회성의 실존에 둔 데 있다. 모든 욕구와 열망에 비추어 볼 때 동일하며 보편적인 인간 본성이 '자연법의 근원'임을, 인간간 정당한 법 전체의 명백한 근원임을 인정함으로써 그는 평화의 주된 수혜자가 정부들의 이익을 넘어서는 인류 전체임을 증명한다. 이렇게 해서 만민법은 국가들의 본성적 상호 의존 관계를 나타내는 합리적인 국제법으로서 이해 및 전개될 수 있다.

국가간의 어떤 자연법의 실존에 대한 주장은 근대 자연법학파 사상가들에게 영감을 준다. 그들 중 가장 유명한 이는 그로티우스에 이어 푸펜도르프·바텔·볼프이다. 그들은 법 규칙에 대한 합리·선험·의지주의적인 이 개념을 전개하는 데 다양하게 기여할 것이다. 그 개념이 풍요로운 주된 이유는 법이라는 방법에 근거를 두고 평화의 원리를 세운 데 있다. 그러한 개념은 국가를 사람에서 유추하여 이성과 결정의 존재로 보기 때문에 합리주의적이다. 자유로운 개인들이 하나의 보통법의 권한을 승인할 때 다같이 하나의 사회를 이룰 수 있는 것과 마찬가지로, 보통법들을 준수하며 상호 협약으로 연결된 국가들은 하나의 국제 집단 혹은 하나의 보편적인 국제 사회를 구성하는 데 기여하는 것이다. 본성 그 자체는 국가들을 하나의 똑같은 단체, 즉 볼프가 '가장 방대한 시민 사회(Civitas maxima)'라고 부른 국제 사회의 동등한 일원으로 만들고자 한다: "국가들은 개인들과 마찬가지로 일치 협력하여 그들 공동의 완전성을 위해

---

3) 볼프, 《자연법과 인간의 원리》(1758), 9권, 1장, 5장.

노력해야 한다. 이것이 바로 국가들 사이에 본성적으로 수립되어 있던 사회적 관계이다."[3]

이 법철학을 인정하려면 먼저 상당한 사고의 변화가 일어나야 한다. 프루동[4]은 자연법학파가 무엇보다 전쟁의 도덕적 가치에 대한 믿음을 파괴하는 데 이바지했다고 요약할 것이다. 이 판단은 특이하게도 적의 개념을 변형시켜 적은 이제 죄인이 아니라 반대자가 된다. 실제로 전쟁이 적의를 드러내는 전쟁 당사국의 **주관적인** 입장에서는 비록 정당한 것으로 판단된다고 하더라도, 국제적인 관점에서 볼 때 전쟁 당사국은 자신의 그 주관적인 법을 분쟁중인 모든 국가에 적용되는 **객관적인** 법에 따라 축소시켜야 함을 인정해야 한다. 두 개인간의 소송에서 중시되는 법이 한 사람이 아닌 모두에게 적용되는 법인 것과 마찬가지로, 법적인 관점에서 접근할 때 전쟁은 지배자 개인의 문제가 아닌 공적인 문제가 되는 경향이 있다.

법의 국제화는 이처럼 분쟁의 기원과 원인이 무엇이건간에 **반대자들의 이익의 평등**을 전제로 한다. 분쟁에 대해 주관적으로 도덕적인 전망을 가진 한 국가는 자기 입장에서 옳지 않은 반대자를 비난하며 전쟁을 영속화시킬 위험을 무릅쓴다. 평화는 다른 사고 방식을 요구한다. 그 또한 법을 열망한다는 점에서 반대자를 정당한 적으로 인정하는 것이다. 의무의 새로운 의미는 이렇게 도덕성을 갖추고서 명예를 위한 폭력과 경쟁할 것이다. 프리드리히 2세가 다음과 같이 말한 기저에도 명예가

---

4) 프루동의 《전쟁과 평화》(1861)를 볼 것.

자리하고 있었다: "현재 사람들이 정복자로서의 그 어떤 자질보다도 인간성을 선호하는 것을 나는 알고 있다."

그런데 평화가 법이라는 방법으로 실현 가능해지려면 자기 중심적인 상처에서 비롯한 복수의 욕구는 자발적인 협약에 따라 제한되어야 한다. 따라서 원리는 실제적이며 실증적인 국제법에 따라 적용되어야 하고, 지배자들은 자신의 야망을 제한하는 협약을 그 국제법에 의거해 스스로 반드시 지켜야 한다. 이러한 자발적인 **실정법**을 구축하지 않으면 국제 사회는 분명 합리적이기는 하지만 이상에 머무는 하나의 사유의 구조물에 지나지 않을 것이다.

3. 정치 현실주의에 대하여

그런데 실질적인 국제 사회의 실현은 국가의 주관적인 관점, 즉 자급자족하려는 국가 의지와 분명 충돌한다. 국제주의는 인간을 시민 이상의 위치로 승격시키려는 반면, 국가는 시민들의 도덕·물질적인 열망을 충족시킬 수 있는 공동 삶의 자기 충족적인 형태가 되고자 한다. 국가는 자유와 주권을 보호하는 법의 적용을 보장함으로써 제 자유와 주권을 확립한다. 따라서 법이 최고 권력에 의해 수립 및 보존될 때에만 적극적으로 준수된다면, 법의 효력은 결국 정치권의 힘에 달려 있다.

평화와 전쟁은 이렇듯 국가라고 하는 최고 '인격자'의 서로 다른 두 역량과 관계 있는 것 같다. 평화는 의지에 좌우되고, 이

의지를 자극할 수 있는 것은 도덕과 법이다. 그런데 전쟁은 지성의 영역에 속한다. 힘을 행사할 기회를 낳고 규제하는 것은 지성인 것이다. 힘의 사용은 또 다른 원리, 즉 정치 현실주의의 원리를 따른다.

우리는 마키아벨리의 작품을 통해 전쟁과 정치를 현실주의적으로 생각하게 된다. 군주는 "전쟁술을 자신의 유일한 연구와 일로"[5] 삼아야 한다. 군주를 세우고 지탱하는 것은 힘 없는 훌륭한 법이 아니기 때문이다. 공화국이 군대의 힘을 필요로 한다면, 그것은 자유가 지배받지 않기 위해 지배해야 함을 정치적으로 요구하기 때문이다. 마키아벨리의 주장은 정치 분야에서 이론과 실천의 일치를 겨냥한다. 그러므로 통치술은 전적으로 그 효력에 의해 정당화된다. 정치는 폭력의 필연적인 사용을 의미한다. 폭력에 응하려면 폭력을 사용해야 하기 때문이다. 따라서 정치가의 역량을 적절히 정의하는 개념은 **힘**의 개념, 즉 국민의 안녕과 내부 안정을 보장하는 지배 조직의 개념이다. 통치술은 힘을 지배하는 데 있다. 힘을 제 것으로 만드는 게 권력인 것이다.

그러므로 정치는 폭력과 전쟁의 불가피성으로 인해 도덕에서 면제되는 권리를 갖게 된다. 마키아벨리는 클라우제비츠처럼 전쟁을 해서 승리하는 것이 문제가 될 때 도덕은 위험한 것이라고 생각한다. 전쟁은 정치처럼 사실에 대한 이해 및 알력 관계에 대한 평가가 우선시되기를 요구한다. 예를 들면 기독교

---

5) 마키아벨리, 《군주론》(1532), 14장.
6) 마키아벨리, 《티투스 리비우스의 첫번째 10권에 관한 논문》, 2권, 2장.

는 지고의 선을 "겸허, 겸양, 인간 만사에 대한 무관심"[6]으로 설정했을 뿐이라고 생각한 마키아벨리는 기독교의 도덕이 정치 현실을 잘못 평가한다고 결론 내린다.

따라서 다음 내용이 정치 현실주의의 출구가 된다. 전쟁은 정치의 존재 이유인 것이다. 전쟁은 주권이 권력에 의거하는 것, 그리고 국가가 효력과 성공에 기초한 합법성을 스스로에게 부여하는 것을 정당화한다. 마키아벨리의 저서 《전술론》은 전쟁과의 이 새로운 관계로 인해 고대인들의 정치적 덕성이 어떻게 근대인들의 그것으로 대체되는지를 보여준다. 고대인들은 전쟁을 시민들의 정치적 덕성——공적인 구원에 대한 사적인 이익의 종속, 노획물과 노략질에 대한 경시——을 시험하는 것으로 이해했다. 전쟁은 이렇듯 정치의 도덕적 합목적성——풍속을 더 고귀하게, 인간을 보다 낮게 만들 것, 인간의 덕성 다시 말해 인간의 훌륭함을 발전시킬 것——을 확립했다.

그런데 이러한 훌륭함에 대한 열정이 없다면 근대인들에게 전쟁술은 무엇이 되겠는가? 따라서 우두머리는 능숙하게 그 열정을 낳고, 간계·거짓말·술수를 통해 인위적으로 생산할 수 있어야 한다. 방법은 있다. 교묘한 중상모략, 적을 혐오스러운 것으로 만드는 일종의 '정보 조작'이 군인의 증오심을 불러일으킬 것이다. 명령의 의도에 속은 군인은 손쉽게 승리하리라 믿을 것이다. 자신의 목숨을 요구하는 승리 말이다. 이때 군인이 죽음을 지나치게 걱정하면 욕심을 낼 만한 좀더 물질적인 이익이 그를 부추길 것이다. 그렇기 때문에 종교가 유용해진다. 종교는 인간에 대한 두려움이 더 이상 결정적이지 않을 때 신을 두려워하게 만들기 때문이다. 그리고 환상이 용기를 부추기기에 충분하지 않다면, 징벌이 공포와 희망 사이의 균형을 재수립할 것이다. 이기려는 용기가 덕성이라면, 그 자리에 지는 데 대한 두려움을 성공적으로 가져다 놓는 것이 능숙함일 것이다. 그래서 힘의 원동력은 간계, 즉 군대의 '도덕'을 낳고 조작하는 능력이다. 정치에서도 역시 결과에 있어서 중요한 것은 효력뿐이므로 군주가 사랑받는지 두려움의 대상인지는 도덕적으로 관심 밖의 일이 될 것이다.

환상에서 깨어난 이 인식은 르네상스 시대의 특징을 잘 말해준다. 르네상스 시대는 '인간적인 것은 모두 유동적이며,' 지속적이고 부동적이며 영원한 어떤 질서 속에 더 이상 고정되어 있지 않음을 깨달았다. 세계의 질서가 고대인들의 것이었다면, 그리고 전통과 관습이 더 이상 본성적으로 존재하는 것이 아니거나 효력이 없다면 그 효력을 되살아나게 해야 하고, 정치 단체가 국민들의 신뢰를 얻기 위해 꼭 필요한 안전성을 재능·지식·솜씨를 동원해서 확보해야 한다. 마키아벨리의 **역능**은 고대인들이 목표로 했던 훌륭함을 근대 정치의 조건, 즉 노력과 열정을 조작 및 명령하며 그것에 법 규칙을 강제로 부과하는 날조된 지성의 승리를 위한 조건에 첨가한다. 군주는 사실들이라는 예측 불능의 영역에서 확신을 가지고 움직여야 하므로, 선과 악을 넘어서는 곳에 위치해 있으면서 국민의 운명을 사적인 도덕의 영역인 양심의 가책에 맡기지 않는 것은 군주에게는 일종의 의무이다.

칸트는 힘에 대한 공공연하게 비도덕적인 이 개념을 평화철학의 출현에 대한 주요 장애물로 볼 것이다. 이 개념의 야망은 통치술을 정의하는 데 머물지 않고 유일하고도 가능한 정치 지혜로 인정받고자 하기 때문이다.[7]

정치 현실주의는 실제로 하나의 실천적 지혜로서 모습을 드러내고, 실천적 지혜에 있어서 능숙함은 통치 분야에서의 신중함을 일컫는다. 정치적 신중함은 국민의 안녕이 권력의 힘과 일체가 된다는 확신을 제1의 진리로 받아들인다. 이러한 상황에서 평화는 법의 문제가 아닌 정치의 문제이며, 국가의 구속력은 바로 시민의 평화를 보존하기 위해서 요구된다. 그런데 정치 현실주의는 호전적인 정치 개념의 결과일 뿐이다. 정치 현실주의는 국민들이 개인들과 마찬가지로 영속적인 잠재적 전쟁 상태에 있다고 전제하기 때문에 국민들을 '악의,' 즉 인간적으로는 근절할 수 없는 호전성을 지닌 잠재적인 적들로 여길 뿐이다. 일반화된 적의라는 이 문맥 속에서 국가의 존재 이유를 위해, 그리고 국민의 진정한 선과 동일시되는 힘의 정치를 위해 도덕이 성가신 유령의 대열로 밀려나는 것을 본다 해도 놀랄 일은 아니다.

정치 현실주의는 절대 규범, 즉 국가 행동의 지고의 기반으로 자리잡을 때 법에 기초해서 평화를 수립하려는 원리를 전복한다. 평화가 아닌 전쟁이 국제 관계의 정상 상태로 여겨지는 이상, 전쟁을 잘 준비하기 위해 일시적인 방법으로 평화를 원할 수도 있다. 그때 내부에서 획득되어 한 국민의 정치적 단일성

---

7) 칸트의 《영구평화론》(1795)을 볼 것.

을 규정하는 평화는 알력 관계의 논리에 전적으로 기초해 있는 어떤 낯선 정치의 조건이 된다.

4. 영구 평화 개념

그렇지만 전쟁의 공포와 그 가늠할 수 없는 파괴력은 호전적이지 않으면서 정치적인 어떤 참다운 지혜를 얻고자 열망하는 이유도 된다. 그런데 힘이 평화를 위해 사용되기 위해서는 평화가 공동의 정치 목표가 되어야 하고, 정치적 이성은 영속적인 전쟁 대신 평화의 영속성을 전제 조건으로 여겨야 한다.

생 피에르 신부의 주장[8]은 평화주의로 통한다. 전쟁을 단순히 규제 및 제한하려는 것이 아니라 그것의 제거 방법을 모색한다는 점에서 말이다. 그는 전쟁에 호소하는 방법을 폐지하고 중재 재판에 일임하는 것, 정치적 결정의 원리를 공동으로 만듦으로써 법에 힘을 부여하는 것 등의 방법을 모색했다. 이 기획은 자발적 동맹이라는 단체의 규범에 따라 하나의 연방기구에 속해야 하는 이유를 제시한다. (후에 빅토르 위고가 유럽합중국이라 부르게 될) 유럽연합조약을 형성하기 위해 문명 국가에 그 기획 원리를 적용하는 것은 다음을 인정하는 것이다. 즉 공동의 연방 결성 의지를 가지고 중재의 방법에 호소하는 것은 평화의 법을 평화를 위한 어떤 진정한 법으로서 실현한다는 목표만을 가

---

8) 생 피에르의 《유럽 영구 평화 기획》 1장을 볼 것.

질 수 있다.

따라서 영구 평화는 **문명 국가연맹**, 즉 폭력에 맞서 힘을 사용하는 **유럽 단체**를 창조함으로써 조직되는 일종의 인공물, 인간 의지의 작품인 **설립된** 평화이다. 힘은 분할이 아닌 결합의 원리가 될 수 있으며, 집단적 공공 이익으로 변형될 수 있다. 이러한 사유는 권력을 가진 인간에 대한 근원적으로 새로운 심리학을 전제한다. 생 피에르 신부는 지배자들을 환상 없이 있는 그대로 생각함으로써 이러한 변화를 예고한다. 지배자들이——야망이 평화주의 정신의 보조자 역할을 할 수 있도록——명예에의 열정을 영광에의 열정으로 변환시키는 것은 탐욕 때문이다. 국가는 안전을 지고의 가치로 설정함으로써 평화를 얻고 유지하는 영광을 갖게 될 것이다. 그것은 정복과 승리보다 더 큰 이익, 바로 행복과 번영을 가져올 것이다. 유용성의 정신은 현실주의의 또 다른 근원이 됨으로써 적의의 정신을 극복할 수 있을 것이고, 전쟁이 국가들의 법의 보호를 받지 못하게 할 수도 있을 것이다.

여기서 혁신적인 것은 평화를 온전한 정치 목표——이것은 권력자들의 사적인 이익보다 정치적으로 우위에 있다——로 만든 데 있다. 평화의 정치는 가능한 것일 뿐만 아니라 필연적인 것이다. 생 피에르 신부는 이렇듯 인간과 문명 간의 새로운 관계의 출현을 예고한다. 그 관계를 지배하는 것은 이익과 유용성, 상업의 욕구와 지복의 취향, 구매 동기이며, 이러한 것과 비교할 때 전쟁은 결국 비용이 적게 든다고 할 수 없는 유해물로 보일 수 있다. 이것은 정치적 안정이 문명의 이익에 가져다 주는 이점 쪽으로 선회한 좀더 부르주아적인 사유로 인해 전쟁에 대한 사유가 사라지리라는 것을 내다보고 예언하는 방식이다. 성공의 관점에서 생각해 보면 안전으로 공공선을 만들고 진정한 평화의 정치를 실천할, 사회적으로 아주 현실적인 이유가 존재함을 지배자들은 이해하게 될 것이다.

영구 평화의 수립이라는 기획은 그 실현을 위해 도덕에 대해 생각할 때 아주 공상적인 것처럼 보인다. 지배자들이 새로운 개념의 투명성을 자발적으로 쫓아가리라 믿는 것은 분명 순진한 일이다. 프리드리히 2세의 냉소적인 고찰, 즉 그러한 규모를 가진 기획에는 그것을 실현하려는 의지 외에 모든 게 갖춰져 있다는 말이 옳지 않은 것은 아니다. 하지만 우리가 사실들의 차원에, 더 정확히 말해 지배자들이 '힘의 균형'을 실천하거나 권력 간 균형 정치를 펼치면서 제 이익을 찾는다고 믿으며 감내하는 실패의 차원에 위치해서 그 기획의 창시자가 했던 것처럼 지배자들의 이익의 관점에 있을 때, 그 기획은 덜 공상적으로 보인다. 이 균형 정치는 힘의 분배에 있어서 불균형의 위험을 없애고자 한다. 그러나 생 피에르 신부가 생각한 것처럼 그 정치는 또 다른 전쟁, 지나치게 거대한 권력의 출현을 막기 위한 균형 전쟁을 일으킨다. 지나치게 거대한 권력은 다른 권력의 독립에 위험이 될 수 있는 것이다.

그러므로 균형 정치는 평화의 가능성을 보존하는 동맹 관계를 야기한다 해도 여전히 전쟁 돌발 가능성을 함축하고 있으며, 따라서 평화를 보장할 수 없다. 생 피에르 신부가 예고한 **영구의회 국가기구**는 이익 분배를 목표로 하는 공동의 국제 정치, 그것에 합의하려는 의지를 통해 공동의 이익에 기초해서 전쟁의 위험을 제거하고자 한다. 균형은 평화가 아니라 끊이지 않는 불안정의 위협이다. 토머스 우드로 윌슨[9]은 그러한 동맹관계 방식이 1914년에 전쟁을 일반화하는 데까지 이르는 것을 보고 이에 대해 다시 말할 것이다. 균형은 그만큼 전쟁을 영구화하는 데 기여한다. 모든 권력은 하나의 적 아니면 하나의 잠재적 공모자로 여겨지기 때문이다.

그렇지만 초국가적 의지의 필연성을 전제 조건으로 제시하는 이 방식은 불신을 야기한다. 평화를 하나의 상태, 다시 말해 설립할 수 있는 하나의 지속적 상황으로 만드는 이 기획은 이론적으로는 상식적이다. 그러나 그것은 평화의 영구화가 처음부터 확립되어 있는 어떤 의지의 결과물일 것이라고 전제함으로써 그것을 동기인 동시에 결과로 만든다. 그것은 이미 존재하거나 형성되어 있는 어떤 평화적 합의의 정치적–법적 형태화로 보인다. 1919년과 1945년, 전쟁이 정치적 재난처럼 보이던 시기에 평화를 지속적으로 설립 및 조직하려는 관심이 자연스럽게 보일 수 있었을 것이다. 그러므로 분쟁에 대해 적대적인 합의가 이루어진 상황에서 법에 의해 평화를 실현하려는 희망은 자유롭고자 하는 세계의 유일한 호위병으로 보일 수 있었을 것이다. 그렇다면 우리는 비극적이고 끔찍한 시련을 통해서만 이성적으로 생각하고 이론화할 수 있는 선택을 하게 된다고 결론지어

---

9) 제1차 세계대전 당시 미합중국 대통령. '평화 14조' (1918) 발표. 베르사유 조약 및 국제연맹 창설에 참여.

야 하는가?

5. 전쟁을 포기할 것

동맹 체제가 비극적이고 끔찍한 시련을 통해 유지될 때 평화는 정치 현실주의의 규범에 따라 더 잘 지배하기 위해 나눌 것, 가장 약한 국가들을 무력 진압할 것이라는 힘의 술책에 종속된다. 법에 호소하는 방법은 전제 정부의 이익을 돕는 데에만 쓰일 때 변명에 지나지 않는다. 평화와 전쟁이 정치적 동기로만 여겨질 때 무엇이 옳은지를 결정하는 것은 법이 아니라 힘이다. 그때 법률가는 정부를 위해 힘의 정치에 유용한 변호를 하기만 하면 된다. 지배자의 조언자가 권력에 매수되면 이론과 실천은 어려움 없이 조화를 이룬다. 이때 조언자의 행로는 권력에 좌우된다. 같은 이익 혹은 지배라는 같은 취향을 공유하는 그들 사이에 연대 혹은 공범 관계가 형성되는 것이다.

칸트는 환상에서 깨어난 이 도식을 대략적으로 묘사한다.[10] 그는 평화에 대한 가장 저명한 이상주의적 이론가들 중 한 사람으로 평가받는다. 그가 정치 현실주의의 '철학' 원리를 비판적으로 평가한 방식이 철학적 의미에서 이상주의적이다. 그 결과 정치 현실주의의 원리는 단지 이론적으로 부당할 뿐 아니라 실천에 있어서도 그 원리의 파괴적 힘으로부터 스스로를 보호하는

---

10) 칸트의 《영구평화론》 '보유 I' 을 볼 것.

어떤 세계 기구로 대체될 수밖에 없으리라는 것이 자명해진다.

인간은 본성적으로 악해서 힘으로 통제되어야 한다는 구실로 인간을 불변의 백성으로 여기는 것은 전제 정치의 속성이다. 그러한 정치는 인간을 '지금 그대로' 다시 말해 결코 변하지 않을 존재로 여기고자 한다. 그런데 인간이 끝없이 악에 경도되어 있을 것이라고 단언하는 것은 인간을 폭력으로 진압할 필연성을 내세우는 것이고, 역사는 언제나 권력의 간계를 필요로 하리라고 주장하는 것이며, 그렇듯 일종의 자연주의와 비극적 역사주의를 권장하는 것이다.

칸트의 《영구평화론》은 전쟁의 영구화를 북돋우는 이 힘의 철학을 전복시키는 데 사용된다. 그는 이 힘의 철학이 비단 평화뿐 아니라 인류의 생존에도 위험한 것이라 여긴다. 현실주의로 인해 인류는 모든 교전국들이 결국은 봉착하게 될 말살의 논리에 이르기 때문이다. 현실주의는 실제로 자신이 불평하는 악을 스스로 낳는다. 현실주의는 권력 다툼을 위해 무장하는 것임에도 불구하고 전쟁의 필연성에 대응하는 척하는 것이다. 실제로는 전쟁의 정치적 '필연성'을 낳는 것이 현실주의이다. 현실주의는 인간의 본성에 전쟁 동기가 있다고 여긴다. 그 결과 평화가 유지되는 동안에도 전쟁에 대한 사유는 지속된다.

그런데 전쟁이 본성적이며 피할 수 없다는 주장은 그 경험적 진실로 환원될 수 있다. 실제로 분쟁이 일어날 때 본성만이 인간을 자신도 모르는 사이에 조정한다. 따라서 전쟁은 그 원인을 본성에서, 인류의 본성적이거나 동물적인 역사, 즉 선사에서 찾는다면 '본성적'이라고 말할 수 있다. 현실주의는 이 관점을 정치 원리로 여기는 한 전쟁을 통해서만 세상의 변화를 알게 될 것이다. 국가가 전쟁으로 인해 점점 더 큰 부담을 느낌에 따라 전쟁은 주권이 전제적 시기에서 벗어나는 데 기여할 것이다. 전쟁을 통해 모든 이들이 감내해야 할 비용·위험·파괴의 수위는 균등하기 때문이다. 지배자가 국가를 사적 이익의 관점을 초월하는 어떤 보편적 역사에 온전히 내포된 것으로 인정할 수밖에 없는 것은 전쟁으로 인해서이다.

그러므로 평화는 단순히 일시적인, 상황에 의한 목표로 이해될 수 없다. 평화는 수단으로서가 아니라 근본적으로 도덕에 기초한 지고의 목적으로서 추구할 수 있을 뿐이다. 도덕만이 실제로 전쟁 거부에 의미를 부여한다. 따라서 평화는 무엇보다 하나의 **이데아**로, 인간 관계의 법적 완전성에 대한 예견——이것은 인간의 가능한 경험의 장을 확장한다——으로 인정된다. 그러므로 평화는 평화를 권력 이익에 종속시키는 정치인의 간계와 책략으로부터 자유로운 영구 평화로 이해할 수밖에 없다. 따라서 '영구 평화'는 정확히 전쟁을 준비하는 동맹들 너머에서 전 세계적 규모로 확장되는 '보편적 평화'를 의미한다. 평화는 휴전과는 다른 것이 되기 위해 무정부 상태에서 벗어난 세계의 새로운 단계에 부합해야 한다. 무정부 상태는 주권의 일반적인 상황, 즉 영구적인 분쟁이나 영속적인 전쟁 상황을 말한다.

사실들을 분석하는 칸트의 이 방식으로 인해 전쟁은 근원적으로 명예 실추된다. 전쟁은 법으로 표현할 수 없다. 전쟁은 법을, 다시 말해 국민들간의 법적 관계의 출현을 전적으로 방해하는 현상이다. 지배자의 자유가 독특하게도 자연 상태와 무관한 어떤 법 없는 자유인 이상 국가들은 법 없는 힘이 지배하고, 부당함이 영구화되며, 법 이하의 상태에서 세계가 유지되는 무정부 상태로 머물 것이다. 이런 의미에서 전쟁은 인류의 법 이전 시기, 일종의 국제적 삶의 원시 상태에 해당한다.

6. 국제 공동체를 위한 철학

그러므로 평화의 문제는 그 영역 전체에서 복잡하게 나타난다. 평화는 하나의 개념이지만 정치적인 방법으로 실현해야 하는 도덕 개념인 것이다. **국제 공동체**의 설립[11]이 이론적이고 실천적인 제 위치를 찾는 것은 바로 여기에서이다. 즉 세계가 처한 법적인 공백 상태를 극복하는 것이다. 칸트는 또한 여러 국가에 공통으로 적용되는 하나의 공법을 수립하는 것이 국제적인 도덕과 다르지 않음을 나타내기 위해 '국민연방'[12]과 **'국가 영구의회'**[13]를 언급한다. 세계의 이익은 공법의 수립에 달려 있다. 전쟁이 국가들의 사적인 관점에 부합하는 반면 평화는 세계의 관점에, '보편적이며 범세계적인 정치 상황'을 위해 하나의 공법을 필요로 하는 총체성의 관점에 부합한다. 중요한 것은 무정부 상태와 타협하는 것이 아니라 근원적으로 새롭게 변형된

---

11) 칸트의 《세계 정치의 관점에서 본 보편 역사 개념》(1784) '명제 7' 을 볼 것.
12) 칸트, 《영구평화론》, 제2 결정 조항.
13) 칸트, 《법의 이론》(1796), 2부, §61.

어떤 상태로 진입하는 것이다. 국제 공동체는 법의 보편적 확장을 위한 유일한 조건이다. 다같이 인류 전체의 안전을 고려할 때 국제적인 규칙 설립에 동의할 수 있기 때문이다. 그 결과 평화가, 오로지 평화만이 국제법 상태로의 방향을 제시한다. 개개의 국가가 자신의 안전 보장을 기대할 수 있는 원천은 국가의 권력이 아니라 평화인 것이다.

1919년 국제연맹을 설립한 이들은 다음 원리로부터 영감을 받았다: 전 세계적 규모로 평화를 생각할 것, 국제적인 삶을 위한 법적 기구를 목표로 할 것, 모든 이에게 적용되는 보통법 개념 수락에 의한 국가들의 보편적 동의를 획득할 것. 윌슨 대통령의 '평화 14조'[14]는 칸트의 《영구평화론》의 조항들과 상당 부분 유사하다. '평화 14조'는 비밀 외교의 철폐를 고려한다. 비밀 외교는 국가의 사적인 이익에 특히 유리하며, 법 준수에 필요한 공적인 투명성과는 양립할 수 없는 것이다. '평화 14조'는 정복 전쟁과 영토 확장의 시기가 지나간 것으로 본다. 민족자결권을 인정하는 '평화 14조'는 강대국과 마찬가지로 약소국의 정치 및 영토의 독립을 보장하는 하나의 보편적인 국제 공동체 창립을 요청한다. 국제 공동체에 대한 칸트의 권고에 대해 말하는 것은 그의 국제주의 및 세계주의의 목표를 부각시키는 것이다. 그 목표는 특히 적은 수의 국가들이 체결한 몇몇 연맹 형성을 하나의 보편적 동맹을 통해 초월하고자 했던 윌슨의 의지로 나타난다. 세계의 안전은 유럽의 안전에 국한되어서는 안 되

---

14) 1918년 1월 8일 《의회 연설》.

는 것이다.

윌슨의 이상주의는 칸트의 이상주의와 같이 보통 '낙관주의'로 통한다. 이 말이 어떤 상상적 이상에 대한 순진한 집착을 뜻한다면 위 견해는 비난이나 마찬가지이다. 평화의 보편화는 분명 이상적인 요소와 분리할 수 없다. 그런데 칸트철학은 평화가 이성의 목표라는 의미에서 평화를 이성의 이상형으로 여긴다. 이것은 평화라는 것이 우리가 다가갈 수밖에 없는 목적으로 이해되어야 함을 의미한다. 이 목적 차원은 평화의 실현을 이해하는 방식으로서는 결정적이다. 칸트는 실제로 무한한 힘을 부여받은 **보편적 군주제** 형태의 하나 혹은 여러 동맹국들의 지배로 얻어진 평화보다 더 나쁜 것은 없으리라 생각한다. 평화 개념은 이와 같이 낙관적이라기보다 비판적이고자 하는 이상주의와 관계 있다. 평화 개념은 하나의 세계적인 힘을 조직화하려는 욕망을 제한하는 기능을 지닌 것이다. 따라서 평화 개념은 실용적 '도덕 지상주의'와 혼동될 수 없다. 실용적 '도덕 지상주의'는 단지 권력에만 기대를 거는 전제적 **현실 정치**의 전체주의적 해석은 아니라도 적어도 절대주의적인 또 하나의 해석일 것이다. 그러나 평화가 힘에 대한 새로운 상상을 북돋우는 기회라는 생각은 편파적인 것 같다.

따라서 평화 개념은 어떤 임무를 규정한다. 실현해야 하는 방대한 평화는 지구에 있는 국가들의 평등 속에, 똑같은 권리를 향유하고 똑같은 의무를 책임지는 평등 속에 있기 때문이다. 자유를 통해 이 임무를 실현하는 것은 힘의 지배에 기초한 독립의 거부를 의미한다. 평화를 회복한 세계에서 자유는 규제 및

제한되며, 타인의 자유와 무관하지 않을 것이다. 그러한 세계
는 자유가 평등 정신에, 다시 말해 똑같은 인간적 정체성을 서
로 승인함으로써 모두가 평화적으로 공존하는 법의 정신에 길
들여질 것을 요구한다.

II
역사의 시험

역사가 사실들을 통해 전쟁의 필연성을 입증한다는 말을 우리는 손쉽게 접할 수 있다. 실제로 전쟁이 자연 현상에 그치지 않고 역사의 원동력으로 보일 때, 개인적인 판단을 넘어서는 지고의 정의의 매체로서 무장 충돌이 객관적으로 필요하다는 개념이 도입된다. 그때 전쟁은 필연성과 정의를 동일시하는 역사철학의 기반을 이룬다.

역사를 중시하다 보면 자유와 국민 주권에 대한 또 다른 관점들이 도입되고, 그로 인한 가장 주목할 만한 결과는 평화를 법이라는 방법으로 실현할 수 있는 하나의 목표로 여기는 원리를 거부하는 것이다. 이와 같이 헤겔에게 있어서 영구 평화 개념은 국민의 구체적 역사인 인간 실재의 집합적 차원을 등한시하는 어떤 사유의 관점으로 머물러 있다. 실질적인 자유가 진일보하며 순수하고 '순결한 시기'인 행복의 시대가 실현되는 것은 전쟁에 의해서라는 것이다. 프루동 역시 역사에 따라 전쟁을 판단한다. 그는 역사가 당연히 권력을 인정할 수밖에 없다고 생각하기 때문에 단순한 평화 이론에 기초한 법체계는 모두 허위이며 임의적이라고 판단한다. 노예는 법의 형이상학으로 해방되지 않는다는 것이다.

그런데 국가의 자유가 전쟁을 통해서만 얻어진다면, 역사적으로 볼 때는 구체적이며 정서·문화·경제적으로 볼 때는 뚜렷한 윤곽을 지닌 개인, 그 개인의 목표가 된 평화는 이제부터 전쟁과 똑같은 장점과 풍부함을 제공해야 할 것이다. 새로운 형태의 물음이 생긴다. 법이라는 방법에 의한 평화의 평화적 실현이라는 이상을 철회할 때, 역사에 따른 평화가 호전적 정치의 결과물이 아닌 다른 것이 될 수 있을까?

1. 원리에서 역사로

칸트는 오랜 숙고 끝에 보편적인 평화의 원리가 역사를 통해 실현될 수 있다고 판단했다. 프랑스 혁명이 그 징후였다. 자신의 선택으로 정치 체제를 스스로에게 부여한 국민의 법이 그 속에서 구체화되었기 때문이다. 본질적으로 침략 전쟁을 피하기에 알맞다고 판단된 공화제에 근거를 둔 선택이었던 것이다.[1] 이것은 역사적으로 적법한 평화의 실현이 가능함을 가르쳐 준다. 정치 권력의 형태가 아닌 정치 체제 양식에 좌우되는, 달리 말해 절대적인 힘보다는 구조에 달려 있는 평화 말이다. 그것은 절대적으로 공화제에서 비롯한다. 개인의 자유를 염두에 두는

---

1) 칸트의 《학부의 다툼》(1798), 2절, 6.

공화제는 자유 국가 사이의 조절된 관계에 의한 하나의 세계평화기구를 기다려야 했다.

이후에도 그렇듯 프랑스 혁명을 근대 국가 개념의 기원과 모델로 보았던 이 분석은, 칸트가 밝힌 바와 같이 분석가가 '역사에 대한 구경꾼의 관점'에 있음을 전제로 한다. 이것은 프랑스 혁명에 대한 공감과 그 미래에 대한 믿음을 보여준 유럽 지식인들의 관점이었다. 구경꾼들의 열광은 새로운 유럽 역사로 진입한다는 감정과 다르지 않았다. 새 역사 속에서 정복 전쟁은 끝을 드러낼 것이며, 권력 정치는 낡고 시대착오적인 것이 될 터였다.

칸트는 사유 방식을 영구히 변형시켰던 이 전복 현상을 사람들이 기억하리라 예측했다. 그런데 구경꾼의 관점을 채택한 철학자가 평화 역사의 한 단계로 본 것이 당사자의 관점에서는 전쟁 역사의 결정적 국면이 된다. 나폴레옹 전쟁에 맞서——정신적으로든 군사적으로든——참여한 이들은 그 전쟁을 국가에 대한 혁명적 개념의 제국적 또는 '제국주의적' 연장으로만 볼 것이다. 프랑스의 감시에 맞서 시도된 해방 전쟁들은[2] 국가들, 다시 말해 무장한 국민들인 역사 주체의 관점에서 사유 및 요구될 것이다.

오늘날까지 가장 영향력 있는 전쟁 이론인 클라우제비츠의 이론이 형성된 것은 이러한 상황에서였다. 1816년부터 1831년

---

2) 1809-1812년. 나폴레옹의 헤게모니가 영국과 러시아를 제외한 유럽에서 강요된다. 이탈리아와 독일은 프랑스의 지배에 반대하면서 자기 나라의 통일에 대한 의식을 가지게 될 것이다.

까지 오랫동안 전개되며 무르익은 클라우제비츠의 방대한 《전쟁론》은 프랑스 혁명과 프랑스 제1제정을 충돌의 새로운 이유 이상의 것, 즉 전쟁의 본질을 드러낸 사건으로 본다. 이러한 분석은 역사에서 처음으로 전쟁을 그 파괴·집단·극단·**객관적 본성**에 일치시킴으로써 가능해졌다. 그는 간결하고도 **빼어나게** 다음과 같이 표현한다. "전쟁은 본성적인 것이 되었다." 전쟁이 전쟁의 한계를 결정했던 관습적인 장벽에서 자유로워졌다는 점에서, 그리고 전쟁이 국민 전체의 문제가 되었다는 점에서 '본성적'이라는 것이다. 프랑스 혁명과 프랑스 제1제정은 의무 징병 규정과 함께 전쟁에 권력의 새로운 단계를 부여하는 무장 국가 원리를 도입했다.

혁명 이전에 전쟁은 정부, 즉 군주의 문제일 뿐 국민의 일은 아니었다. 정부 내각이 준비했으며 구체제 왕조의 이익과 연관된 전쟁은 군주의 손 안에 있는 사적인 일에 불과했다. 그러므로 '협소하고 제한된 형태'로서의 그러한 전쟁은 군대의 힘과 역할을 조금씩 축소시킬 어떤 진보의 환상을 유럽에 제공할 수 있었다고 클라우제비츠는 설명한다. 과거에 대한 이러한 검토는 집단 전쟁을 통해 밝혀진 전쟁의 진정한 본성을 인식하기 이전에 평화를 깊이 생각하고 이론화했음을 암시한다. 집단 전쟁은 역사 속에 이제 막 출현한 것으로, 활기찬 국민 전체의 집단적 움직임으로 규정되고, 샤를 드골이 《회고록》 1940년 1월에 썼듯이 "가혹한, 유혈 충격으로" 군대들을 대립시키는 "직접적인 공격이나 야만적인 필연성"에 상응한다.

클라우제비츠는 이 집단적 움직임을 근거로 국민 전체의 활기찬 에너지를 독점하는 국가 전쟁이 본질적으로 **도덕적인** 본성에서 출발한다고 주장한다. 전쟁은 국민 스스로가 초래·유지·활성화하는 것이므로 "정신적이고 도덕적인 힘과 위대함"이 전쟁 행위에 스며들며, "전쟁 전체에 영향을 미치는 것은 바로 정신"[3]이라고 그는 결론 내린다. 따라서 역사에 따라 전쟁을 생각하기 위해서는 정신적 혁명을 이행해야 한다. 물질적이고 육체적인 용어로만 전쟁을 이해하는 것은 더 이상 불가능하기 때문이다.

혁명 이후에 발생한 근대의 분쟁이 여전히 불평등하게 확장되면서 그 정도가 심해졌다면, 그것은 민중 전쟁이 명확하게 눈에 보이는 한계를 더 이상 갖지 않으면서 '가능성의 한계를 전복시켰기' 때문이다. 그래서 견제가 없다면 힘은 힘을 억제할 수 없을 것이다. 도덕적 요소는 이렇듯 전쟁 행위에 있어서 육체 에너지의 물질적 한계를 극복하는 데 기여한다. 그러므로 이제부터는 그 **절대적 형태**에 의거해서 전쟁을 생각할 필요가 있으며, 그것은 군사·정치적으로도 신중한 일이 될 것이다. 전쟁의 절대적 형태란 승리라는 고전적 목표를 넘어서서 적군의 전멸, 힘이나 국가 권력으로서의 적의 파괴를 겨냥한 것이다. 클라우제비츠는 혁명 전쟁이 목적을 달성했다면 그 결과로 유럽 군주제가 소멸되었을 것이라고, 달리 말해 유럽 군주제라는 정치적 실존이 파괴되었을 것이라고 생각한다.[4] 집단적인 적군의

---

3) 클라우제비츠, 《전쟁론》(D. Naville 번역), Éditions de Minuit, 1955, 190쪽.

전멸을 자기 군대 보존을 위한 조건으로 삼는 것은 극한에 이른 대립의 절대적 형태이다.

역사에 대한 헤겔의 이론은 군사적 관점이 아닌 철학적 관점에서 전쟁과 도덕을 대등하게 연결한다. 전쟁은 절대 악이 아니라 "우리가 재물과 세속적인 것의 무상함을 절실히 느끼게 되는 상태"[5]이다. 죽음을 무릅쓰는 힘은 이처럼 정신적인 삶의 독특한 힘을 드러낸다. 동물의 생명력의 요소인 공포가 전쟁에서는 부인 및 초월되는 것이다. 국가에 대한 개인의, 전체에 대한 부분의, 조직에 대한 구성원의 희생은 국민 모두의 도덕적 생명력인 죽음을 극복하는 이 능력으로 인해 정신적인 기능을 갖게 된다. 전쟁을 통해 '국민의 윤리적 건강'이 보존되는 것이다. 따라서 전투에 있어서 개인의 집단적 희생, 즉 개인의 사적이고 비본질적이며 유한한 실존의 부인은 전투의 위대함이 아닌 도덕적 위대함과 비교될 수 있을 뿐이다. 총포 속에서 '근대 세계의 원리, 즉 보편성'이 구현된다. 총포는 인간의 용기를 추상적이며 비인칭으로 만듦으로써 어떤 면에서는 용기를 체계화하는 데 기여하기 때문이다.[6]

헤겔의 사유는 이처럼 원리의 추상적 차원에서 역사의 구체

---

4) 《학부의 다툼》에서 칸트는 하나의 정치 체제를 근원적으로 파괴하고 결국 무화시키려는 의지──그는 이것을 진보주의적이라고 판단하였다──를 프랑스에 맞선 반혁명 전쟁들에 부여한다.

5) 헤겔, 《법철학 강요》(1821), §324.

6) 1914년 이후 이러한 희생의 대중화는 익명의 군인 집단 속에서 기술의 집단 파괴력과 결부된 또 다른 진실을 찾을 것이다. 즉 전면전은 개인들을 익명으로 만드는, 다시 말해 본질적으로 대체 가능한 것으로 만드는 단 하나의 인간적 '자질'을 승인할 뿐이다. 윙거의 《총동원》(1930)을 볼 것.

적 차원으로의 이행에 필요한 철학적 변환을 통지한다. 어떤 원리도 죽음의 위험을 무릅쓰는 필연성 없이는 역사 속에서 실현될 수 없기 때문에 국민은 역사 속에 실현되는 **정신**의 살이자 피이다. 전쟁은 이와 같이 인간의 역사에서 인간 이상의 것이 드러나도록 하므로 하나의 주관적 관점이 전쟁의 객관적 진실에 이르기에는 충분하지 않다. 그리고 보편적 역사가 전쟁의 정신적 쟁점들을 드러내므로 보편적 역사를 '세계 재판소'[7]로 여기면서 세계 역사를 전 세계적으로 이해해야 한다. 전쟁의 정신적 쟁점들은 가장 강한 자의 단순한 법의 기계적이고 맹목적인 논리를 훨씬 넘어선다.

따라서 전쟁과 평화는 단순히 개별적인 이성으로 이해 및 판단할 수 없다. 역사만이 그 쟁점들을 정당화하고 합리적으로 설명하는 척도이기 때문이다. 그러므로 클라우제비츠와 마찬가지로 헤겔에게 있어서 전쟁의 정치적 의미는 국가의 관점으로만 이해해야 한다. 전쟁은 국민이 역사의 진정한 주체와 당사자가 되는 방법이다. 국민에게 전쟁은 세계의 정치 역사를 쓰는 방법인 것이다. 전쟁은 국가들을 결합하거나 분리한다. 전쟁은 국가들 각각의 자리를 서열화하고 정돈한다. 개개의 국가 스스로가 선택했던 정치 체제가 위세를 갖추고 다른 국가들에 의해 승인될 수 있는 것은 전쟁에 의해서이다. 전쟁은 이처럼 국가간 '상호 주관성'을 형성한다. 헤겔은 비유를 통해 개인과 마찬가지로 국가도 고립되어 실존하지 않는다고 표현한다. 행위의 보편

---

7) 같은 책, §340.

적 원리가 이론에서 실천으로 옮아가고 역사적으로 이성의 역사를 형성하는 근거가 되는 것은 국가들 사이에서, 국가들의 상호적 관계 안에서 일어나는 일인 것이다. 전쟁을 국민간 관계의 한 부분으로 보는 클라우제비츠도 전쟁을 구체적으로, 즉 역사 및 정치적으로 가능한 국가간 관계의 설립자로 여긴다. 전쟁은 이렇듯 대체할 수 없는 어떤 정치적 기능을 부여받는다. 클라우제비츠의 유명한 표현에 따르면, 전쟁은 "또 다른 방식의 정치의 연장"인 것이다.

2. 역사에 따른 전쟁

평화에 대해 다른 방식으로 묻지 않으면 안 된다. 역사와 정치에 우선권을 부여하는 것은 평화라는 평화·법률·범세계적인 해결책의 후퇴를 가져온다. 평화적인 해결책은 한 국가의 독립이 전쟁이 아닌 다른 방법, 즉 자유로운 정체들을 준수하는데 합의한 국제 사회로부터 승인받기를 바란다. 그런데 한 국가가 전쟁의 위험을 무릅쓰고 승인받고자 하는 것은 통치의 일반 원리라기보다 어떤 집합적 **의지**, 그 국가가 독립할 힘을 갖고 있으며 가치와 결정의 자율적 중심을 형성하고 있음을 보여주려는 의지이다.

모든 물음은 철학 및 군사적으로 전쟁에 부여한 역사정치적 기능이 무엇보다 호전적 정신의 대중적 근원을 자극하는 데 기여하는 건 아닌지 알아보는 데서 출발한다. 전쟁에 부여한 역사

정치적 기능은 전쟁과 정치를 단순히 동일시함으로써 정치의 '호전화'를 역사의 이름으로 정당화하는 것은 아닌가? 전쟁이 정치의 모든 것, 즉 창조적이고 위대할 수 있으며 이론과 실천의 조화를 이루는 유일한 정치라면, 평화는 결국 비역사적이고 비정치적이며 모든 구체적 의미를 상실한 어떤 무력한 사유의 결과일 수밖에 없는가?

　아무튼 이 물음의 답은 국가 원수나 전쟁 사령관인 당사자들이 자신들의 행위를 정당화하기 위해 전쟁의 역사 및 정치적 기능을 어떻게 해석하는가에 달려 있다. 그런데 헤겔의 이론은 영구 평화가 국가를 파괴할 것이라고 판단하기 때문에 실제로 국가주의의 영토 확장주의에 대한 정당화로 이해**될 수도** 있다. 마찬가지로 클라우제비츠를 20세기 총력전들을 예견하고 계획할 전쟁 옹호자로 읽을 수도 있다. 그런데 역사 속에서 결정적인 대조를 이루는 해석들은 그것이 전쟁을 위한 것이든 평화를 위한 것이든 가치를 지닌다. 이와 같이 헤겔철학은 프랑스-독일 전쟁 당시 범게르만주의의 제국주의적 열정을 고취시켰다고 판단될 수 있었다. 그럼에도 불구하고 예를 들어 장 조레스는 다른 방식으로 역사에 의거하여 프랑스-독일 전쟁을 읽는다. 즉 프랑스로 하여금 독일의 법이 "이익과 힘의 실재 세계에서 정치·산업·군사적으로 권위를 세웠음"[8]을 인정하도록 하는 것이다. 전쟁을 "또 다른 방식의 정치의 연장"으로 본 클라우제비츠의 표현은, 국제 정치의 차원에서 그것을 전쟁 합법화의 원

---

8) 장 조레스, 《프랑스-독일 전쟁 1870-1871》, Éd. GF, 1971, 47쪽.

리와 평화 정당화의 원리 중 어느것으로 사용하는가에 따라 결정적 대조를 이루는 참여를 낳는다. 예를 들어 마오쩌둥은 클라우제비츠의 표현을 해석하여 "전쟁을 유혈 정치"[9]라고 주장하였고, 이와 달리 레이몽 아롱은[10] 그 표현에 현실주의적 평화 개념이란 의미를 부여했다.

그런데 클라우제비츠는 이론과 경험 사이에 존재하며, 역사 그 자체가 보여주는 불일치에 기초해서 고찰했다. 전쟁에 대한 그의 개념은 이 차이를 중시한다. 생각 속의 전쟁은 실재의 전쟁이 아니므로 군 사령관의 능력은 예측 불능의 것에 과감히 맞서 싸울 줄 아는 데서 나온다. 그러나 이론가의 능력은 이론과 실천의 이러한 분리로 인해 전쟁이 '크든 작든 전쟁'일 수 있음을 아는 데서 나온다. 따라서 전쟁은 전쟁을 위한 것이든 평화를 위한 것이든 철저하게 전쟁일 수 있음을 이해하자. 이 기준으로 인해 우리는 역사에 의거한 결과물이 내재적으로 호전적 요인이 되는지, 아니면 정치 지혜의 원리를 이루는지 검토할 것이다.

헤겔에서 시작한 역사의 변증법적 개념을 전쟁에 호의적이라고 판단할 수 있다면, 그 이유는 이 개념이 이론과 실천 간의 대립을 이상과 실재를 화해시키는 총체적 단일성의 역동성으로 극복하는 것을 보여주고자 하기 때문이다. 폭력은 대립의 필연성에 반박하지 않고 그 동인을 형성한다. 보편 정신을 실현하려

---

9) 마오쩌둥, 《연장된 전쟁》(1938), *Œuvres choisies*, Éd. sociales(1956), t. III, 264쪽.

10) 클라우제비츠에 대한 해석은 레이몽 아롱의 《전쟁의 철인 클라우제비츠》, t. I, 〈유럽의 시대〉와 t. II, 〈지구의 시대〉, Éd. Gallimard, 1976을 볼 것.

는 문명의 운명은 국가를 넘어서는 곳에서 첫발을 디딘다. 보편적인 역사와 세계 재판소를 동일시하는 것에 어떤 해석을 내릴 것인가? 자유와 역사의 미래의 화해를 약속하는 어떤 이상적 지평이 문제가 되는가? 아니면 자신이 구현하는 **이데아**의 승리를 위해 일종의 최후 투쟁을 벌이는 세계, 그 세계의 미래를 실현하기 위해 모든 이들이 선출한 한 국민의 승리가 더 문제되는가? 역사에 대한 이러한 관점에 부여할 수 있었던 '제국주의적' 측면은 평화가 하나의 제국에 의해, 세계를 결정적으로 지배하는 단 한 명의 군주에 의해 실현될 수 있으리라 가정하도록 한다. 이러한 해석들은 20세기 역사에서 회고 및 지목된다는 점에서 이론의 여지가 있음을 인정해야 한다. 역사에 부여된 절대적 힘이 국민들의 운명을 기준으로 할 때 위험하고 호전적이라고 오늘날 판단하는 근거는 정치가 그 정치를 넘어서고 흡수하는 하나의 권력에 종속된다는 데 있다. 이러한 것이 한나 아렌트가 제국주의 개념에 부여한 의미이다.[11] 정적이지 않은 어떤 전체의 힘에, 그 움직임에 부여된 우선권이 국가의 정치 지혜와 평화에 대한 관심보다 우위에 있는 것이다. 국가는 자신에게 봉사하는 군대의 대리인에 지나지 않는다면 전쟁을 중단하는 방법, 즉 평화의 방법이 될 수 없다.

그렇지만 전쟁을 **정신**의 보편적 역사의 높이에 두었다고 해서 헤겔을 의지주의적 호전주의 이론가로 일컬을 수는 없다. 그는 전쟁을 의무-존재, 즉 필연성이 없을 때에도 일어나야 할 사

---

11) 한나 아렌트, 《제국주의》(M. Leiris 번역), Éd. Fayard, 1982를 볼 것.

건으로 보지 않기 때문이다. 전쟁에 대한 그의 사유는 전적으로 국가에 대한 사유에 종속되어 있다. 전쟁을 주장하기 위해 국가를 생각하는 것이 아니라 반대로 국가의 참된 기능을 정확히 생각하기 위해 전쟁을 이해하는 것이 문제가 된다. 국가의 참된 기능은 국민의 주권을 인정하고 보호하는 데서 나오며, 헤겔에게 있어서 국민의 주권은 **외부**에 대한 독립과 민족국가로서의 위상을 의미한다. 그러한 역사관은 국가들의 주권을 강조한다는 점에서 국민들간의 제거할 수 없는 상이성으로 인한 국가의 필연적 다수성을 강조하는 데 특히 기여한다. 독립 의지는 국민들을 갈라 놓고 대립시키며 그들의 마찰을 낳는 것, 바로 그것이다. 어떤 국가가 제 독립의 포기를 받아들일 거라고 믿는 이들은 "공동체의 본성을 잘 모르는 것"이라고 헤겔은 쓴다.

국민들이란 제각각의 국민성을 지닌 자들이라는 지각은, 그 집합적 단일성의 이러한 역사 · 윤리 · 정치적 '본성'을 보여준다. 따라서 '정치적'이란 단어는 구체적인 어떤 역사적 의미를 띠고, 그것은 특성, 즉 한 단체의 삶의 양태와 열망으로 형성된 통일성을 내포한다. 정치 영역은 대중의 도덕을, 다시 말해 국민 감정 속에 표현된 감정적 요인들을 통합한다. 정치 영역은 유기적으로 경험되는 하나의 단일성을 빚어내는 관계들만큼이나 법도 포함한다. 국가는 실제로 하나의 유기체라는 이미지에 따라 사유된다. 이 이미지로 인해 국가는 살아 있는 하나의 전체가 되고, 개별적 원자들의 규제된 집합이라는 국가에 대한 이전의 표현은 뒤로 물러난다. 바로 여기서 국가 주권에 대한 헤겔의 옹호가 생긴다. 그것은 국가를 역사적 혹은 **객관적으로** 도덕적인 하나의 힘으로 본 것으로, 많은 비판과 반대를 낳는다.

헤겔의 말처럼 전쟁이 한 국민의 도덕적 단일성을 확인하는 것이라면 그 이유는 정신적 실재로서의 국가는 소멸하기 때문이며, 국가는 전투의 위험을 무릅쓰고서라도 문화 및 역사의 세계에 스스로 진입하기 위해 자신의 본성에서 벗어나려는 실질적인 의지를 획득해야 하기 때문이다. 국가는 국가 정신, 즉 국가 본래의 특성에 정치적으로 승인된 힘을 부여해야 한다. 국가의 자유 또한 소멸하며, 다른 국가들을 존중하는 데서부터 나오는 만큼 의존적이기 때문이다.

이러한 맥락에서 국가 주권은 전쟁의 우두머리인 동시에 평화의 우두머리로 보인다. 만약 이 주권이 승인을 위한 전투의 최후 목표로 이해된다면, 달리 말해 국가가 그 자체만을, 제 고유의 정체성과 절대선으로서의 제 자율적 실존만을 목표로 한다면 그때 전쟁은 그러한 특성을 충족시키는 데에만 신경을 쓸 것이다. 그러므로 국가 전쟁은 내재적으로 일시적인 임시 전쟁으로 이해될 수 있다. 그리고 전쟁 상황에서조차 국가간 승인 관계가 남아 있기 때문에 전쟁은 평화를 준비하는 방법으로 보인다. 이러한 관점에서 평화는 차이 속에서의 공존을 의미할 것이다. 차이 속에서의 공존은 다수의 국가 집단이 정돈되어 있음을 반영하지만 그 속에는 국가의 독립을 확인하는 조건인 전쟁의 위험, 바로 그 위험이 제거되지 않은 채로 남아 있을 것이다.

3. 클라우제비츠와 평화

평화는 전쟁과 마찬가지로 예외없이 국가의 주권과 관련 있으므로 분명 정치적인 방법으로 얻을 수 있을 것이다. 그리고 "전쟁이 또 다른 방식의 정치의 연장"이라면 다음과 같은 물음을 다시 던져야 한다. 전쟁의 정치적 개념은 필연적으로 정치의 호전적 개념을 내포하는가? 우리는 전쟁의 **본성**에 대한 클라우제비츠의 분석을 통해 전쟁과 평화에 대한 그의 **정치적** 견해를 이해할 수 있다.

전쟁은 제 고유의 법칙, 특별한 자신의 '문법'을 갖고 있으므로 우선 아주 폭력적이고 난폭한 행동 방식으로 인정된다. 따라서 전쟁을 완화 또는 축소하고자 하는 것은 헛된 일이다. 실제로 전쟁에 이러한 믿어지지 않는 극도의 난폭함을 부여하는 것은 인간의 정열이 아니라 지성이다. 가장 훌륭한 전략은 '항상 가장 강하게 되는 것'에서 출발하고, 지고의 법은 성공하는 것에서 비롯하므로, 일을 해결하고 분쟁을 종결하기 위해 군대를 통해 서로 대립하는 이들은 같은 방법을 사용함으로써 균등해진 동등한 적들이다. 교전국들 각자에게는 이러한 지식을 힘으로, 또한 힘을 승리로 변형하는 것이 중요하므로 각국은 자국이 다른 나라에 끼칠 수 있는 위험, 즉 제 지고의 만족——자국의 입장에서는 지성과 삶이 조화를 이루는 만족, 그리고 적군으로 하여금 자기 나라 고유의 의지를 받아들이게끔 강요하는 데서 오는 만족——을 실현하기 위한 위험이 '극도로 상승'

하는 것에 똑같은 관심을 갖는다. 따라서 전쟁은 단순한 반응이 아니라 행위이며, 법적 분쟁과는 다르다. 전쟁은 적을 벌하지 않고 전멸시키며 무장해제하는 고유의 본성을 갖고 있다. 인간 실존의 열망과 통상적인 나약함과는 무관하고 단순하며 난폭한 전쟁의 도구성을 일단 고려하면 전쟁은 '정당한' 것이 아니라 끔찍할 뿐이라는 생각이 든다. 예외 없는 극도의 폭력은 전쟁을 본성적으로 만든다. 죽음을 건 전투는 엄밀히 말해 어떤 승인도 낳지 않기 때문이다. 죽음을 건 전투란 한 사람의 실존이 다른 사람의 **파멸**에 좌우됨을 의미한다.

그런데 전쟁이 전쟁일 뿐이라면 다시 말해 단순한 도구, 화난 감정의 폭발일 뿐이라면 전쟁의 정치적 개념을 제시하는 것은 당연히 불가능할 것이다. 전쟁은 국가간 정치 관계 전체를 단절시킬 뿐이기 때문이다. 달리 말하면 전쟁은 전쟁에 부여된 목표에 의해서만, 즉 전쟁의 지속과 멈춤이라는 그 전체 계획을 결정하는 정치적 이유에 의해서만 이해될 수 있다. 평화는 전쟁의 정치적 합목적성에 의해서만 전쟁의 전체 계획 속에 병합될 수 있다. 그 결과 정치만이 전쟁의 사용을 제한할 수 있다. 전쟁을 제 고유 목적을 중단 없이 추구할 수 있는 하나의 하위 방식으로 여김으로써 말이다.

따라서 클라우제비츠의 표현은 전쟁이 **'정치적 관계들을 지속시키는'** 정치적 관계들의 일부라는 주장과 분리될 수 없다. 클라우제비츠는 전쟁과 정치의 전통적 개념들을 전복하고자 한다. 혁명이 일어나기 전에 우리는 분명 전쟁이 정부의 문제이므로 정치적 이유를 배제할 수 없다고 생각했다. 하지만 국가간 관계는 적의가 생길 때 어쩔 수 없이 단절되었다고 생각했다. 우리는 외교·법률·정치적 방법에 의한 조정이 불가능해질 때에만 군대, 즉 힘의 판결에 호소하는 방법이 극도의 대립 상황에 개입한다고 생각했다. 따라서 만민법 이론가들은 전쟁의 법칙을 규정할 필요가 있다고 판단했다. 여기서 전쟁의 법칙은 평화시의 정상 관계를 **재수립**하게 만드는 의무의 굴레로 이해되었다. 그러나 클라우제비츠의 이론은 전쟁을 통해 정치적 관계의 본성이 아닌 그 방법의 변화를 본다. 정치와 전쟁 사이의 이러한 연속성은 국가 전쟁을 정치 개념의 확장으로 본 결과이다. 국가 전체의 이익·특성·감정·국민의 단일성을 표현하는 모든 것이 정치인 것이다. 전쟁은 어떤 집단적 실존 의지의 구현 또는 선언이다. 클라우제비츠에 따르면 바로 이것이 전쟁이 정치와 분리될 수 없으며, 전쟁이 전쟁을 선동하는 목적에 맞춰지고 조절되는 하나의 단순한 수단일 수밖에 없는 이유이다. 정치는 평화에 이르기까지 인간 역사 속에 펼쳐지는 지혜의 사용이어야 하며, 그렇게 남아 있어야 한다. 국가 전쟁이 전쟁 자체만큼이나 전쟁의 한계를 정당화한다는 점에서 국가는 분쟁에 대한 정치 지혜, 궁극적으로는 전쟁에 호소하는 방법을 자제하는 정치적 이유를 표현한다.

이런 의미에서 전쟁은 정치의 극단적 '호전화'를 피할 수 있는 "또 다른 방식의 정치의 연장"이다. 이것이 바로 클라우제비츠가 전쟁은 전쟁인 것만이 아니라 또한 정치라는 말을 통해 표현하는 것이다. 여기서 정치란 국제 관계 속에서 쟁점을 평가하고, 위험을 측정하며, 가장 합리적으로 경쟁력 있는 책략을 채택할 수 있는 지혜가 필요한 그러한 특별한 목표를 야기하는 상황의 총체이다. 반대로 클라우제비츠의 표현을 거꾸로 해석하여 전쟁을 통해 정치를 이해하고, 정치를 또 다른 방식의 전쟁의 연장으로 여기는 것은 호전적이다. 그런데 클라우제비츠에 따르면 호전적인 독단주의만큼 잘못되고 위험한 것은 없다. 군 사령관에게 구속력 있는 정책 결정권을 부여하는 것은 모순일 것이다. 실제로 전술이 정부 결정보다 우위에 있다면 우리는 완전히 다른 철학, 적의 파멸을 자신의 절대 목표로 삼음으로써 정치와 전쟁을 동일시하는 철학에 직면할 것이다.

그런데 전쟁은 본래 파괴의 도구이므로 무력 행사의 목표를 정하는 것은 정치의 몫이다. 적의 몰살에 이르는 '절대 전쟁'은 어떤 극단적인 경우이며, 전쟁의 도구적 명료함을 독특하게 이해한 하나의 관념에 지나지 않는다. 전쟁의 역사적 명료함은 의도적이고 정치적이다. 이러한 정치적 합목적성은 파괴와는 또 다른 해결책을 모색할 수 있게 한다. 전쟁으로 인해 국가간 관계를 없애거나 중단하지 않기 위해 적들은 서로 파괴하지 않는데에, 그리고 최고가로 평화 조건을 협상하기 위한 승리를 모색하는 데에 공동으로 관심을 기울여야 한다.

극한 상황에 이르지 않는 것, 평화의 가능성 전체를 없애지 않기 위해 전쟁을 제한할 줄 아는 것은 정치 현실주의의 몫이다. 전쟁의 정치적 한계가 망각·변질·부인될 때 정치의 호전적 사용이 개입한다. 전면전, 절대 전쟁의 형태, 다른 국가, 다른 인종, 대립하는 문화를 파괴하는 단순한 말살 전쟁은 실제로 정치의 호전적 사용의 결과일 수 있다.

4. 국가간 평화

국가는 서로 구별되며 주권을 가진 역사적 집합체이므로 국가의 동등한 독립에 대한 승인은 국제 평화의 근간을 이룬다. 이것은 주권 국가로서의 국가의 평등 및 역사·언어·삶의 방식에 따라 분화된 인간 단체로서의 국가의 차이를 동시에 인정하는 것을 의미한다.

그런데 국민들의 평등을 표명하는 것은 권리의 영역에 속하는 어떤 원리를 전제로 한다. 그것은 윌슨 대통령이 옹호한 견해로, 자율적인 국민의 권리에서 나오는 **민족자결주의**이다: "어떤 국가도 제 권력을 다른 국가에 펼치려고 하지 말 것이며, 모든 국가는 강대국과 마찬가지로 약소국도 구속·위협·위험 없이 스스로의 체제와 발전 방법을 자유롭게 결정하라."[12] 그렇지만 국가들은 특수성과 축소할 수 없는 다수성을 갖기 때문에 국가들의 독립을 표명하는 것은 국가의 주권이 초국가적 법적 기구에 대한 열망을 제한하는 방식과 역사를 강조하는 데에 이른다: "인간은 유대교도·가톨릭교도·기독교도·독일인 또는 이탈리아인이기 때문이 아니라 인간이기에 가치가 있다. 보편적 사유의 가치에 대한 이러한 자각은 아주 중요하며, 세계주의의 형태로 구체화되어 국가의 구체적 삶에 대치될 때 외에는 문제가 되지 않는다."[13] 난관이 눈앞에 펼쳐진다. 국가들의

---

12) 윌슨, 《1917년 1월 22일 미합중국 상원 연설》.

평등은 평화에의 희망, 상호 동의하에 다수가 공존하는 희망을
북돋운다. 그런데 국가간의 차이는 확신에 찬 한 국제주의자의
다음과 같은 고찰을 불러일으키듯이 그 희망의 장애물로 보인
다. "역사는 인간과 인류 사이에 국가라고 하는 이 가공할 만
한 실재를 두었다."[14]

　민족자결주의의 모순된 특징은 여러 번 강조된 바 있다. 민족
자결주의는 국제법에 대한 기대에 찬 기다림을 이율배반으로
만든다. 민족자결주의는 법의 군림을, 달리 말해 세계 평화를
위한 공동의 법적 결정에 따르려는 의지와 조약 준수를 요구하
면서도 국제법으로 하여금 당연히 국가들의 주권, 즉 자율 결
정하는 국가들의 권리——각 나라가 힘으로써 정당해지는 권
리가 포함된 군사적 주권——를 승인하도록 하기 때문이다. 국
제법의 이러한 나약함 혹은 불완전함으로 인해 국제연맹은 비
난받았고, 오늘날 국제연합(UN)이 비난받는 것도 같은 이유에
서이다. 그런데 그 모순은 국가 개념의 난해성과 모호성을 부분
적으로 반영한다. 자율적인 국민의 최고 권리 속으로 제각기
법과 역사에서 출발한 두 개의 유산이 경쟁적으로 들어오는 것
이다. 이 쟁점을 명확히 하기 위해 우리는 미국과 프랑스의 혁
명에서 출발한 민주공화주의적 사유와 유사한 독립 개념을 '국
가 원리'로, 독립에의 주장을 '국가주의'로 명명할 수 있다. 이
때 이들 정체성의 원동력은 각각 독립주의자와 전통주의자가 되

---

13) 헤겔, 앞의 책, §209.
14) 로이센, 《국제주의의 이론적 근거》, Éd. PUF, 1954, t. III, 467쪽.

고자 하는 데 있다.

국가 원리 혹은 (윌슨의 표현대로) '국가의 모델'은 사람들에게 보편적으로 인정받는 법을 국가에 부여하는 자율 결정이라는 자유주의 개념과 상응한다. 우리는 여기서 실제로 윌슨의 민족자결주의와 평화주의에 영감을 준 국가들의 자연법의 실존에 대한 주장을 재발견한다. 자유로운 주체로 인정된 국가들은 제각각 국제 평화에 대한 국가 의지를 표현함으로써 국제 관계에 있어서 상대국들의 평등에 기초한 평화에 협력하도록 유도된다. 법과 민주주의에 의한 평화를 신봉한 윌슨 대통령은 국제 도덕에 대한 일종의 정언 명령을 1917년에 표명한다. 각 국가는 인류 전체를 위해 요청할 각오가 되어 있는 것만을 자기 국가를 위해 원해야 한다는 것이다. 예전에 혁명의 열정이 그렇게 했듯이 각 국가가 '세계에 평화를 선언'할 수 있으므로, 한나 아렌트의 멋진 표현인 '인류의 **국가적** 정의'가 인간 연대에 대한 보편적 관심을 위반하지 않으면서 다른 자유 국가들을 존중하는 자유 국가들을 평화의 정치에 이르게 하는 것은 가능하다.

국가 원리를 이와 같이 평화의 요소로 여길 수 있다면, 그 이유는 국가(nation)가 국가(État)라는 제도 안에서 제 정치적 완성을 모색하는 것으로, 또한 독립된 조직을 스스로에게 부여하는 정부의 단일성 속에서 국민의 열망을 실현하는 것으로 전제되기 때문이다. 진정한 국가는 "스스로가 스스로를 통치하는 국가"라고 윌슨 대통령은 다시 말한다. 이러한 국가의 법적 개념에 있어서 법은 본성 및 역사보다 우위에 있다. 또한 모든 법을 똑같이 승인함으로써 법의 보편성을 존중하는 '국민에 의한 국민의 정부'를 기대할 수 있는 것은 국가들(États)이 되고자 하는 국가들(nations)의 역량에서 나온다.

따라서 우리는 민족자결주의가 정치적인 동시에 법적인 기능을 갖고 있음을 알게 된다. 내적인 측면에서 국가의 자율성을 설립한 민족자결주의는 외교 정치 분야에서 진정으로 국제적인 혹은 초국가적인 원리로서 작용할 것이다. 보통법의 보편적인 권한은 인간의 차이 및 이러저런 곳에서 태어났다는 사실에서 비롯한 단순히 역사적이고 우발적인 기원을 극복할 수 있도록 하기 때문이다. 이러한 것이 국민성이라는 자유주의 개념의 역설(어떤 이들에겐 환상)이다. 국가들은 모든 국가에 적용되는 평등법을 준수함으로써 공존을 위한 국제 질서를 실현하도록 유도되는 것이다. 그러나 국가들의 법률존중주의에의 합의는 다른 국가의 절대 권력에 대한, 그리고 국가 독립에는 치명적인 어떤 세계적인 힘의 한계 없는 지배에 대한 반감——이 반감은 원칙상 자유주의적이다——에 기초해 있다. 그래서 화합하려는 의지는 불가피하게도 제 주권을 표명하려는 의지와 충돌한다. 바로 이것이 법이라는 방법만으로 평화를 실현하려는 경우의 독특한 한계이다.

국제 질서에 대한 이 법적 개념에 제기된 주요 반론의 근거는 그 개념이 지나치게 추상적이고 형식적이라는 데 있다. 중재에 호소하는 방법은 구속력 있는 합일을 낳을 수 없다는 것이다. 그 방법의 적용은 결국 국가들의 사적인 의지에 달려 있기 때문이다. 실제로 우리는 이 법률지상주의를 '형식주의'로 규정할 수 있다. 법이라는 방법은 힘보다는 형식을 우위에 놓기 때문이며, 국제법은 생각하는 어떤 방식에서 그와는 다른 방식으로, 즉 전쟁이라는 양상에서 규칙에 따른 평화로 옮아감으로써 진보하기 때문이다. 그럼에도 불구하고 이 형식주의는 단 하나의 인간적 합목적성을 보장하는 똑같은 임무가 국가들에게 있음을 인정함으로써 국가들의 다수성이라는 표현을 가라앉힐 사명을 띠고 있음을 우리는 잊을 수 없다. 이와 같이 국민들간의 차이는 대립도 적의를 띤 **다수성**도 아니라고 제시함으로써 법률존중주의의 법적 관점은 국가(État)를 국가주의적 과격주의에 대한 방어책으로 만들 수 있기를 원한다.

5. 국가간 전쟁

국가 원리는 전제 정치, 즉 폭정과 억압에 대항해서 싸우는 것인 만큼 자유주의로 규정된다 해도 국가의 특징이 원칙적으로 범세계주의 전체에 공공연하게 적대적일 때 전투적 국가주의의 자양이 된다. 철학 분야에서는 나폴레옹의 패권에 맞서 일어난 독일 해방 전쟁들의 동시대인[15]인 피히테의 경우가 보편적 이상이 애국적 이상주의로 선회하는 현상을 보여준다. 프랑스 혁명으로부터 영감을 받아 국가들을 대외적으로 동등한 하나의 주권으로 승인한 원칙적 국가주의에 이어, 대내적으로 국가를 한

---

15) 유럽 국가주의의 증대에 대해서는 러셀의 《19세기 사상사》, Éd. Gallimard, 1951을 볼 것.

육체에 살고 있는 영혼이나 정령으로 보는 확신의 국가주의가 나타난다. 그 결과 국민 감정과 동일시되는 국가주의는 국가의 일부를 이루게 된다. 또한 국가주의는 국가를 세상에서 완벽하게 유일하며 독창적인 존재로 만드는 정신과 마음으로서, 국가를 존재하게 하고 살게 하며 지속하게 한다. 개인과 전체 간의 거의 신비주의적인 이 혼돈은 낭만주의적 국가 개념의 특징을 이룰 것이다. 국가를 위해 죽는 것, 환희에 찬 가운데 국가를 위해 자신을 희생하는 것은 개인적이지 않은, 다시 말해 진정으로 우주적인 차원에서의 지고의 정신적 삶을 나타내는 것이다.

단체와의 동일화가 인류와의 동일화보다 중시되는 이상, '인류의 국가적 정의'는 평화 이론들의 주요 버팀목인 인류의 단일성에 명백한 장애물이 된다. 국가주의의 반보편주의적 선택들은 국가주의의 반주지주의적인, 따라서 당연히 반법적인 선택들과 뒤섞인다. 원자론적으로 개인들을 단순한 사유의 존재로, 추상적인 법의 보유자로 여기는 것이 비현실적이라고 판단한 국가주의 이론가들은 개인들의 통일성을 엮어내는 관계들, 다시 말해 태어나면서부터 형성된 관계들, 즉 역사와 풍속을 가장 중시한다. 실재의 삶은 사적인 관계들, 구체적이고 감정적인 관계들로 이루어지고, 한 국민으로의 소속은 신봉, 즉 신념과 희생을 요구한다. 그러한 감수성과 상상력의 첫번째 자양인 국가주의적 선입관은 다른 이들과 구분·분리되는 어떤 특별한 인간형을 낳는 독특한 전통을 형성한다. 슈펭글러가 요약한 것처럼 이 개념은 국가를 "살아 있는 형태로 구현된 인간성"으로 만든다.

문화차별주의의 몫과 국가주의의 열정을 고취시키거나 독점할 수 있는 불안감 없는 호전주의의 몫 사이, 이동 가능한 경계 설정은 쉽지 않다. 과거로 회기하려는 열정이 국가주의적 문학과 시의 동인이나 각성제가 되고자 할 때 우리는 '선동'의 국가주의에 대해 말할 수 있을 것이다. 그러므로 상상력과 직관력을 회복하는 일이 중요하다. 그러한 능력은 평준화와 문화적 빈곤을 낳는 모방과 획일화의 창작 활동을 막고 독창적인 작품을 낳을 수 있다. 그러나 태생을 숭배함으로써 출생이 선출과 선택의 인자로 작용할 때──이때 요구되는 것은 문화적 다원주의가 아니라 완전한 국가주의적 제국주의이다──국민과 개인 간의 구분은 첨예화되고, 내재적으로 호전적이 된다.[16]

그 어떤 철학적이거나 법적인 구성보다 더 본래적이고 더 '본성적인' 생존 법칙의 이름으로 전쟁을 국가 집단 최고 활력의 생산자로 만드는 '지식인'의 범세계주의에 반대하는 것이 진정으로 민족적인 혹은 인종적인 우주생성론이다. "그 자체로 목적이 되는 순수 사유는 병사도 인종도 없이 언제나 삶과 무관하고 역사에 냉담했다"[17]라고 슈펭글러는 다시 썼다. 그는 이성이 지배하는 문명의 하찮고 메마른 이상에 맞서 '사실들의 힘'의

---

16) 문학에서 국가주의의 이런 다양한 경향을 보여주는 예로 토마스 만을 들 수 있다. 1919년에 그의 문화국가주의는 유럽 평화주의자들과 대조를 이루었다. 그러나 1936년에 그는 국가-사회주의를 비난했다. 국가-사회주의의 삶에 대한 옹호가 문화 전체에 대해서는 파괴적이라고 판단했기 때문이다.

17) 《서양의 몰락》(1918)(M. Tazerout 번역), Éd. Gallimard, 1948, 170쪽을 볼 것.

사도가 되고자 했다. 최악으로 치닫는 문명의 행보밖에 기대할 수 없는 역사의 '테러리즘'[18] 개념은 평화 이론가들의 진보주의와 대립한다. 인종의 역사가 국민의 역사를 대체함으로써 이렇듯 '사실'의 권한이 대두된다. '사실'은 평화와 법에 단호하게 적대적인 진보의 역동적 반감과 투쟁을 낳는다.

인종적 국가주의가 평화뿐 아니라 전쟁 자체에 대해서도 중대한 위험을 형성한다는 것을 강조할 필요는 없다. 위법성이 삶의 법으로 여겨지며, 모든 법적 '외양'보다 우위에 있을 때 전쟁은 터무니없는 부정 행위를 낳는다. 위험은 폭력 옹호가 성공함으로써 생긴다. 폭력은 극단적 현실주의, 사활이 걸린 야만성의 현실주의, 파괴와 개인의 가치 하락이라는 방법을 선택하는 현실주의로 제 모순을 가린다. 그러나 상상력 부족과 타인의 운명에 대한 무관심만이 그 자양이 되는 이 현실주의의 유치하다고 할 수 있는 기이한 단순성은 끔찍한 전쟁을 그처럼 원하며 선포하는 소위 '힘'을 용기의 가증스러운 패러디로 보이게 한다. 훨씬 더 묵과할 수 없는 것은 인간 본성에 대한 기만일 것이다. 인류 지고의 형태를 하나의 인종이나 특별한 한 민족과 동일시함으로써 인류 전체를 분열·분산시키고, 동물로 만들어 버리기 때문이다. 야만적인 폭력의 가장 단순한 발현이 동물의 싸움인 것이다.

전쟁은 이와 같이 그 자체로 원인이자 **목적**이 되고, 유익하다고 판단된 생명의 긴장 상태를 무한히 갱신하면서 스스로를 재

---

18) 《학부의 다툼》에 나오는 칸트철학의 어휘를 따름.

생산하는 이유가 된다. 그러한 호전적 생명론은 평화를 전쟁의 단순한 반대편이 아닌 적으로 만듦으로 비극적이다. 세계의 운명은 존재론적 관점에서 근원적인 이원성에 달려 있다고 전제된다. 평화주의자, 세계주의자, 비천한 사람, 부르주아, 퇴폐적인 사람을 통해 구현되는 인류의 형태와 전쟁을 평화에 길들이는 임무를 띤 전사를 통해 구현되는 구제하는 인류의 형태가 대립하는 이원성 말이다. 전쟁이 차이를 조절하는 방법이 아닌 인간간 차별의 요인이 될 때 만민법이라는 단어는 더 이상 적용될 수 없다. 그 결과 전쟁과 평화의 대립은 논리가 아닌 이데올로기의 영역이 된다. 국가가 스스로에게 적을 부여함으로써 국가라는 생명 공간의 경계를 설정한다는 점에서 전쟁과 평화가 문제시하는 것은 단순히 원리들이 아니라 이데올로기들, 근본적으로 경쟁 관계인 인간 단체들을 경쟁하도록 만드는 어떤 사활이 걸린 가치들과 동일시되는 이데올로기들이다. 이렇게 한 단체의 생존이 하나 혹은 다수의 다른 인간 단체의 전멸을 조건으로 하는 **절대 전쟁**의 문맥이 현실화된다.

바로 여기에 역설적이게도 매력적인 만큼 더욱더 유해한 어떤 환상, 투쟁과 전쟁을 혼동하는 비극으로 인해 현실의 비극적인 바닥에 이르는 환상의 덫에 지성과 때로는 지식인을 **빠트리는** 테러리즘의 현실주의가 있다. 투쟁이 삶과 관계 있는 것이라면 전쟁은 국가간 국제 정치와 관계 있는 것이다. 투쟁이라는 본성적 **사실**로부터 전쟁이라는 도덕적 **가치**를 연역해 내는 것은 전쟁의 정치적 본질을 부패시키는 결과를 가져온다. 전쟁을 원하는 것이 삶이나 역사 자체라면 전쟁과 평화 간의 정치적으로 가능한 차별은 더 이상 존재하지 않는 것이다. 슈펭글러가 "지고의 의미에서 정치는 삶이고 삶은 정치"라고 주장한 방식에 따르면 모든 투쟁은 일종의 생존의 정치와 동일시된다. 삶과 정치를 구별할 때, 투쟁을 삶과 분리할 수 없는 한 부분으로 여기는 사실은 평화에 대한 어떠한 관점도 결코 와해시키지 않는다. 칸트 같은 이론가는 평화를 '행복한 바보'의 휴식, 즉 인간간 긴장 상태 전체의——불가능한——제거와 동일시하지 않는다. 그러나 그는 평화에 범세계주의적 차원을 부여한다. 평화는 목적으로서, 세계 문명의 영역에 새겨져 있기 때문이다.[19]

전쟁이 정치를 사활이 걸린 폭력에 종속시키는 방법일 뿐이라면, 전쟁의 법과 평화의 법 사이의 고전적인 경계 설정은 결정적으로 사라진다. 국가는 더 이상 정치의 독점권을 행사하지 않고, 따라서 전쟁에 대한 책임도 갖지 않기 때문이다. 국가가 평화를 위해 전쟁을 하려고 의도하는 것은 모순이 된다. 전쟁에 전쟁을, 폭력에 폭력을 낳게 하는 어떤 사활이 걸린 역사의 법이 국가를 능가하기 때문이다. 따라서 생존 관계들의 정치화는 정치의, 즉 국가의 확장이 아니라 파괴와 동일시된다. 그것은 국가 기능의 소멸을 초래하고, 국가는 법을 보장하는 제 소임을 상실한다. 국가(nation)가 국가(Etat)의 형태와 규범을 스스로에게 부과하는 대신에 국가가(Etat) 병합주의의 욕망에 종속

---

19) 아주 다른 어조로, 니체는 사활을 건 분쟁 옹호자로서 투쟁과 정치 자체를 대비시켰다. 투쟁은 삶의 영역에, 정치는 국가의 영역에 속하기 때문이다. 이것은 투쟁이 국가주의적 선입견에서 비롯한 공공의 안전을 위한 선택을 강화한다기보다 자기 초월의 의무를 부과한다는 사실을 일깨우기 위해서였다.

되는 것이다. "국가주의는 본질적으로 국가(Etat)의 이러한 타락을 국가(nation)의 도구로 번역한다."[20]

6. 전쟁의 변형에 의한 평화

"인류만이 위대하며 과오를 범하지 않는다. 그러므로 나는 인류의 이름으로 다음을 말할 수 있다고 생각한다. **인류는 더 이상 전쟁을 원하지 않는다.**"[21] 프루동은 이 말을 통해 세계 역사의 새로운 시대——이는 세계 역사의 지고의 단계가 될 것이다——를 예고한다. 집합적으로 이해된 노동과 산업의 인류, 혹은 일과 생산을 통해 마침내 실현될 인간 연대는 진실로 보편적인 어떤 평화의 경제적으로 구체적인 토대가 될 것이다. 평화에 대한 이 관점은 정치적인 것이 아니라 사회적인 것이며, 전쟁의 정치적 시기의 지양, 즉 국가 전쟁의 끝을 예고한다. 영구 평화는 더 이상 단순한 하나의 **이데아**, 다시 말해 국가간 관계 진전의 이상적인 전형이 아닐 것이다. 영구 평화는 그것의 목적이자 끝인 역사 자체를 통해 형성될 때 역사 속에 제 출입구를 만들 수 있을 것이다. 그리고 이제부터 세계를 통치하는 것은 정복의 법이 아니라 경제의 법이므로 "영웅주의는 이제 산업에 자리를 양보할 것이다." 더 정확히 말하면 산업 영웅주의가 전쟁

---

20) 아렌트, 《제국주의》, 앞과 동일, 183쪽.
21) 프루동, 《전쟁과 평화》, 마지막 문구.

영웅주의를 대체할 것이다. 역사는 이렇듯 사실을 통해 평화의 필연성을 입증할 것이다.

전쟁과 평화 사이에 존재하는 아주 오래된 불균형은 평화에 유리하게 전복될 것이다. 평화가 분쟁의 이점과 덕성을 실현하고 배가시키는 데 전쟁**보다 못한** 인간 조건이 아니라 충분히 긍정적이고 사회적이며 생산적인 또 다른 방식임을 인간이 이해할 수 있다면 말이다. 바로 이것이 프루동 연방제의 기본이 되는 평화에 대한 연대주의 개념의 일반 원리이다. 평화의 사회적 풍부함은 전쟁의 정치적 기능, 협의의 의미에서 국가주의적 기능을 반박하고 넘어서는 것이다. 인류는 역사 전체의 작용을 통해 평화를 회복할 것이므로, 논리적으로 생각하는 방식(전쟁은 평화의 반대편이다)은 변증법적으로 생각하는 방식(전쟁은 평화를 준비하는 것이다)에 자리를 양보할 것이다. 호전적인 열망의 자동 파괴, 즉 '무한한 평정의 시기' 속에서의 호전적인 열망의 지양을 주장할 수 있는 것은 전쟁이 변형되기 때문이며, 전쟁의 역사가 결국 전쟁의 성격을 왜곡 및 타락시키기 때문이다. 평화는 전쟁의 소멸이 아닌 **변형**의 결과일 것이다.

그런데 프루동은 전쟁의 법이 언제나 힘의 법, 승리자의 법이라고 기록한다. 왜 가장 강한 자의 법은 모든 국민에게 지금까지 승인 및 찬양되었을까? 왜냐하면 그 법을 통해 정의의 진정한 본성에 대한 보편적인 의식, 즉 정의는 힘에 대립하는 것이 아니라 힘과 협력하는 것이라는 의식이 형성되었기 때문이다. 가장 강한 자의 법은 아주 간단히 말해 정의가 힘이 되게 하는 법이다. 따라서 전쟁 영웅에 대한 향수는 죄가 되는 것, 야만스러운 것이 아니라 기사다운 것, 고귀한 것이다. 고귀한 전쟁이 비열해질 때에만 전쟁을 넘어설 이유와 방법이 뚜렷하게 드러나기 때문이다. 또한 인간이 인간만이 목숨을 바치는 희생을 통해 숭고해진다면 전쟁은 그 실제 원인, 즉 프루동이 "인류의 만성적 빈곤 상태"라 명명한 불행·결핍·기아와 결부될 때 끔찍한 것이다. 힘의 대결은 강탈을, 모든 방법을 다 동원하는 한계 없는 폭력 행사를 실리를 위해 절대시할 때 용기의 법을 배반한다. 전쟁은 투쟁이 아닌 파괴의 방법에 지나지 않을 때, 그리고 병사가 살인자의 면모를 띨 때 제 정치적 기능을 상실한다. 또한 권력이 욕심에 굴복할 때, 그리고 군대가 부의 독점에만 소용될 때 전쟁은 정의가 아닌 지배의 도구가 된다.

무장 충돌은 이제 인간 보편성의 차원이 아니므로 전쟁의 역사적 역할은 고갈될 것이다. 프루동에 따르면 "일하는 인류만이 전쟁과의 관계를 끊을 수 있다." 그런데 이를 위해서는 반드시 생각과 태도의 근원적 혁명을 통해 평화에 필요한 경제적 균형을 창조해야 한다. 그러므로 평화는 이제부터 전쟁이 정의와 힘을 결합할 수도, 힘을 정당하게 만들 수도 없음을 구현할 것이다. 그리고 전쟁이 경제적 투쟁에 자리를 양보했기 때문에, 힘의 경쟁은 일과 산업을 통해 서비스와 생산물의 올바른 재분배를 실현해야 할 것이다. 여기서 예기치 않은 역설이 나온다. 평화시의 경쟁은 역사의 동력이 되는 힘의 유기적 선택이라는 전쟁의 원리를 떠맡으면서 전쟁을 억제할 것이다. 평화는 휴식이 아니며, 모든 투쟁도 전쟁은 아니다. 국가들 사이에서 시대착오적으로 맹위를 떨친 폭력과는 달리 생산성을 위한 투쟁은 역설적으로 인간간의 알력과 인류의 연대성을 연결한다.

바로 여기에 역사에 대한 무한한 믿음, 힘은 언제나 결국 정의가 되므로 역사의 권력은 정의의 수호자라는 믿음이 있다. 이것은 국제주의를 인류의 진보에 가장 부합하는 해결책으로 보는 신봉이다. 국제주의가 평화를 향한 저항할 수 없는 움직임을 마무리한다는 것이다. 프루동은 20세기에 '연방 국가의 시대'가 도래할 것이라고 생각했다. 연방 국가 원리의 가장 개괄적인 토대는 다음과 같이 제시된다. 지배의 방법을 통해 국민 개개인을 규합하는 것에서 출발했던 국가의 정치적 기능이 고갈됐다고 전제한다면, 산업 시대 고유의 관심을 조직화된 권력에 병합시키는, 단체 통합의 또 다른 사회·경제적 방법들을 고려해야 하는 일이 남아 있다.

이와 같이 어떤 결정적 전환이 국제주의 개념에 도입된다. 국제[적인] 사회는 고전적인 의미로는 정치적이며 또한 '국제적인'과 '국가간의'를 동일시하는 반면, 프루동이 부여한 사회적이고 소박한 의미에서는 인류 전체와 동일시된다. 프루동은 그렇게 말함으로써 평화가 군주들의 의지가 아닌 소박한 인류의 열망으로부터 예견됨을 표현하고자 한다. 평화를 보편적인 대중의 행동 동기로 만들려는 열망 말이다. 그 결과 역사에 따른 평화는 법에 따른 평화의 방해물 역할을 하게 된다. 두 평화주의는 공존할 수 없기 때문이다. 전쟁을 규제하고 제한할 것을 목적으로 하는 만민법에 대한 고전적인 주장은 사실상 거부된다. 역사에 따른 평화는 법률존중주의적 평화주의 개념을 무효화하는 역할을 하는 것이다.

따라서 평화는 전쟁과 마찬가지로 이데올로기적인 투쟁, 역사의 이름으로 인간의 완전한 합법성을 제 것으로 삼을 것을 목적으로 하는 어떤 투쟁의 대상이 될 수 있다. 바로 이것이 마르크스주의의 영향을 받은 국제주의 이론들이 확언하는 것이다. 마르크스주의는 평화를 역사에 있어서 프롤레타리아의 최후 승리로 본다. 국제주의 이론들은 전쟁의 또 다른 변형, 국가 전쟁의 혁명 전쟁으로의 변형을 표방한다. 그 원리는 잘 알려진 대로 다음과 같다. 계급 투쟁의 법칙에 따라 이번에는 자신이 힘을 쟁취하게 되어 있는 프롤레타리아는 역사상 가장 정당한 지고의 일, 마오쩌둥의 말을 빌리자면 "전쟁에 맞서 싸우는" 일, 억압의 정치적 원인을 제거함으로써 결국 전쟁 이유를 소멸시키는 일을 떠맡는다. 역사의 재판 능력에의 이 신봉은 국제법에 대한 고전적 주장을 통해 전파된 세계 전망을 전복시키고, 이상적이며 혁명 이익에 대립한다고 판단된 평화에 대한 법적 해석을 무력화하고자 한다. 이런 상황에서 역사의 절대적 힘에 의거하는 것은 평화주의적 현실주의와 호전주의적 현실주의를 모두 풍요롭게 한다. 즉 국제 관계 속의 상대국들 전체가 사회주의에 이를 것을 요구하는 세계 평화는 혁명적인 방법에 의한 세계의 정치적 변형으로부터 기대되기 때문에 적극적인 행동주의적 평화주의를 풍요롭게 하며, 정치가 변증법적으로 마찰을 일으키는 역사의 법칙에 예속되기 때문에 호전주의적 현실주의를 풍요롭게 한다. 레닌은 "마르크스주의는 평화주의가 아니다"[22]라고 밝힌다. 마르크스주의는 형식에 따라 전쟁을 수행하고, 평화적인 방법에 기초해서 평화를 수립할 것을 거부하기 때문이다.

마르크스주의의 역사적 실현은 그 혁명 목표로 각색된 의미에서 클라우제비츠의 "전쟁은 또 다른 방식의 정치의 연장"이라는 표현의 적용으로 이해될 수 있었다.[23] 세계의 단계에 포함된 국가간 분쟁은 계급간의 방대한 국제 시민 전쟁의 선언으로 해석되었던 것이다. 이와 같이 전쟁과 평화의 세계화라는 관점을 개진하면서 역사의 시험은 평화 또한 그 속에 전쟁의 싹을 지닐 수 있음을 가르쳐 준다.

---

22) 레닌, 《사회주의와 전쟁》(1915), Éd. sociales, 1952, 35쪽.
23) 이와 같이 마오쩌둥에게 혁명 정치는 전쟁과 동일하다.

III

평화와 세계

평화를 역사의 결정적 목표로 삼는 것은 세계 질서의 가능한 실존에 대한 한 가지 선택을 전제한다. 그런데 어떤 세계 질서인가? 세계는 힘들 사이에 실현된 질서, 즉 권력간 균형으로 간주되어야 하는가? 다양성을 축소할 수 없는 것으로 보며, 세계를 여러 국가나 서로 다른 모국의 총체로 삼는 관점이 있다. 개인이 그들 정체성의 자양을 길어오는 곳은 바로 여기이다.

그런데 전쟁의 세계화는 무엇보다 국가들이 시급하게 하나의 보통법에 따른 국제 사회를 조직하도록 강요하지 않는가? 헤이그 조약(1899, 1907), 국제연맹(1919), 켈로그 브리앙 조약(1928)은 전쟁 위험성의 축소 심지어는 제거를 목표로 했다. 또한 전쟁은 더 이상 질서의 창조자로 평가받을 수 없으므로 어떤 국제적인 중재의 중립성, 즉 토론과 상호 믿음을 통해 분쟁을 가라앉히는 원천으로 대체되어야 한다.

그런데 법이 힘과 승인하는 권력 없이는 아무것도 아니라면, 세계 정부가 부과하고 옹호하여 마침내 보장하는 평화의 시기는 도래하지 않을 것인가? 인간의 삶이 본질적으로 핵의 위험으로부터 위협받는다면, 인류의 지적 · 정신적인 생존만큼이나 육체적인 생존을 보장하는 어떤 지고의 힘이 필요하지 않을까?

이러한 문제 의식이 대두될 때 평화가 기준 없는 세계 속에서, 무정부 상태로 머무는 국제 사회 속에서 결국 그때그때의 상황에 따라 해결된다는 아주 널리 알려진 의견을 제시하는 것은 이 문제 의식을 불완전하게 만들 것이다.

1. 평화주의에 대하여

그 어느 때보다 평화주의에 대한 고찰이 시의적절할 것이다. 우리는 우선 전면전 경험으로 인한 충격 상태와, 핵무기의 비도덕적 특성에서 비롯한 명확하거나 모호한 죄책감을 모른 체할 수 없기 때문이다. 또한 안전이 일반적인 상태, 사회의 '건강' 그 자체일 것이라는 생각이 여전히 요구되는 경향이 있기 때문이다.

'평화주의적'이라는 말은 공상주의나 타인으로부터의 이탈을 의미하는 비굴한 행동을 가리킬 때 경멸의 뜻을 나타낸다. 모욕으로 사용된 이 단어는 사기와 교의를 구분하지 않는다. 그러나 상식이 그 불충분함을 보완한다. 즉 어떤 이의 중립이나 신중함이 적과 타협하는 것과 다르지 않을 때, 어느 누구도 그를 평화주의자로 여기지 않는다. 그런데 평화주의는 교의의 측면에서 단 한곳에서 출발하는 것이 아니다. 평화주의는 일반적으로 이상주의적이어서 이념의 힘과 폭력의 힘을 대비시키는 경향이 있다. 그런데 혁명적 이상은 전쟁이 정당하다는 원리에 다시 활기를 부여하고, 전투를 또다시 매혹적인 것으로 만드는 데 기여한다. 게다가 여론을 빌려 전쟁에 직면한 대중의 동원 해체를 표명함으로써 표면화되는 평화주의의 새로운 형태도 있다. 이는 정치적 결정에 대한 대중의 승인을 빼앗음으로써 그 결정을 고립 및 약화시키기 위한 것이다. 따라서 평화주의는 하나의 이데올로기로 다른 이데올로기를 제압하려는 의지에 근원적으로 중립을 고수하려는 비정치적인 희망, 바로 그 희망에서 비롯한 아주 분명한 교의적인 선택들을 포함할 수 있다.

　기회주의 중에서 상황과 가장 적게 관련되며 가장 덜 의심스러운 평화주의는 사랑이나 비폭력의 무조건적인 윤리적 선택과 관계 있다. 일시적으로라도 평화주의는 그 어떤 호전성과도 타협하지 않기 때문이다. 평화주의가 이런저런 전쟁뿐 아니라 세계의 잠정적 전쟁 상태까지도 없어지길 바라는 희망을 육화할 때만 평화주의에 대한 승인은 도덕적일 수 있다. 보편적이며 전면적인 평화는 단 한번도 경험한 바 없으므로 도덕만이 전쟁은 이제 존재하지 않아야 한다고 선언할 수 있는 것이다. 평화라는 이 의무-존재는 분명 '무조건적'이라고 말할 수 있다. 평화는 단순히 마음으로 안전을 바라는 것과는 다르기 때문이다. 누구나 전쟁 없는 세계가 분명 더 아름다울 것이라고 말할 수 있다. 그러나 꿈만으로는 평화를 위해 목숨을 걸려고 결심할 수 없다.

　막스 베버의 유명한 평결에 따르면[1] 평화주의의 윤리학은 정치적으로 비현실적이다. 일관성 있는 평화주의는 "힘으로 악에 저항하지 마라"를 원칙으로 하는 절대 윤리학과 관계 있다고 그는 말한다. 그가 보기에 그러한 것은 산상수훈으로 예시된 복음의 윤리학이다.[2] 톨스토이[3]와 간디[4]가 채택한 가르침, 악에 대한 비폭력 무저항도 절대 윤리학과 관계 있다고 할 수 있다. 그러나 베버의 설명에 따르면, "정치에 있어서 결정적인 방법은 폭력"이므로 정치인의 임무는 "너는 힘으로 악에 맞서야 한다"라는 정확히 반대되는 원칙의 윤리학을 채택하는 것이다.

베버에 의한 두 윤리학의 대조는 무엇보다 정치가의 특별한 책임을 드러낸다. 비폭력의 윤리학은 '확신의 윤리학'이다. 분석의 첫번째 차원에서 그 확신은 개인의 양심의 선택, 영혼의 구원에 대한 도덕, 한마디로 불가피하게 주관적인 어떤 선택을 근거로 한다. 이런 의미에서 헤겔의 '아름다운 영혼'과 아주 유사한 '평화주의적'이라는 말은, 윤리적으로는 숭고할 수 있지만 정치적으로는 무책임한 어떤 내면의 선택을 나타낸다. 정치인은 평화를 자신의 행동과 공격 대응 방식을 마비시킬 수 있는 어떤 절대적이고 엄격한 목표로 삼을 수 없다. 따라서 전쟁에 직면하여 마키아벨리의 교훈을 채택하는 것은 개인의 덕성에 관심을 가지는 것이라기보다 애국적인 차원의 선택이다. 그러므로 정치인의 윤리학은 특별한 윤리학, 자신이 사용하는 폭력

1) 베버의 《정치인의 자질과 사명》(1919), UGE, coll. 〈10/18〉, 1982, 168-180쪽을 볼 것.

2) "원수를 사랑하라."〈마태복음〉, 5장 44절.

3) 톨스토이(1828-1910), 《전쟁과 평화》의 저자. 그의 평화주의는 기독교 최초의 계시를 되찾는 데 그 목적이 있다.

4) 간디(1869-1948)는 비폭력의 방법으로 인도 해방을 고취하고 이끌었다.

적인 방법에 대한 '책임'의 윤리학이며, 정치인은 폭력적인 방법을 사용하기 전에 그 사용 여부를 위해 그 최후 **결과**를 예견 및 가늠해야 한다. 어떤 단체, 어떤 사회 전체의 운명이 걸려 있는 문제라는 점에서 그 일은 신중해야 한다. 전쟁은 국가의 문제이므로 정치가의 소위 정치윤리학에서 평화에의 믿음을 박탈하는 것은 평화의 운명으로 볼 때 가장 위험한 일인 것이다. 엄격한 평화주의는 가장 통제하기 어려우며 가장 과격한 전쟁의 위험, 바로 그 위험을 증폭시키는 힘을 누그러뜨리는 방법이다.

판결의 초점은 아주 명백하다. 그러나 다음과 같이 다른 방법으로 다시 물을 수 있다. 보편적인 평화에의 의지는 실질적인 가치를 지닐 수도, 인류 전체에 유효한 어떤 목표를 세울 수도 없음을 인정해야 하는가? 그러한 결론에 이르면 또 다른 위험, 즉 평화에서 그 도덕적 정당성을 제거하는 위험, 따라서 분쟁 중인 모든 국가들로 하여금 평화를 받아들이게 할 수 있는 특성을 제거하는 위험이 생긴다. 바람직한 정치를 통해 전쟁을 멈출 줄도 알아야 한다면 책임이나 용기의 또 다른 형태도 필요할 것이다. 호전주의자로 통했던 작가이자 직업 군인인 에른스트 윙거가 1941년에 다음과 같이 증명한 것처럼 말이다. "평화를 이루기 위해서는 전쟁을 욕망하지 않는 것으로 충분하지 않다. 진정한 평화는 전쟁을 위한 용기를 넘어서는 어떤 용기를 전제로 한다. 진정한 평화는 창조적인 활력, 정신적인 에너지이다."[5] 승리를 단념하는 것이 명예에 결정적인 걸림돌이 된다면,

---

5) 윙거, 《평화》(B. et A. Petitjean 번역), Éd. La Table Ronde, 1971, 151쪽.

현실주의는 위장된 호전주의임을 자인해야 할 것이고, 정치는 평화 상태를 존속시켜야 하는 제 책임의 몫을 잃을 것이다.

그런데 극단적 평화주의는 승리 전체를 거부할 뿐이고, 그러한 것은 이 평화주의의 절대적 전제 조건이 된다. 극단적 평화주의는 정치적으로 책임이 없다고 말해야 하는가? 정치의 관점에서는 확실히 그렇다. 그 관점을 세계에 내릴 수 있는 유일한 해석으로 인정할 수 있는 한 말이다. 그런데 평화주의는 예언자나 성인의 윤리학과 같은 '무조건적인' 윤리학의 영역에 속할 때 막스 베버가 강조한 것처럼 '비세계적'이 된다. 그러므로 논리적이기 위해서는 무조건적인 윤리학도 비정치적이거나 초정치적이라고 선언해야 한다. 정치가 정치의 입장에서 세계의 법인 폭력을 수용한다는 점에서 정치의 역할은 파스칼의 유명한 표현에 따르면 힘의 사용을 정당화하는 데서 나올 것이다. 그러나 간디가 격찬한 비폭력의 종교는 반대로 파스칼의 표현을 전복시킬 것을 목표로 한다. 즉 폭력은 짐승의 법이므로 인류의 법, '더 높은 법' 다시 말해 '전 세계의 물리적 힘'과 협력하지 않음으로써만 명확해지는 '정신의 힘'을 폭력과 대비시킨다. 마찬가지로 "세계의 법칙에 복종하지 말 것"을 촉구하는 톨스토이 철학의 원리도 평화를 힘의 영역 밖에 둔다. 따라서 무조건적인 윤리학은 평화를 지배의 구실로 여기지 않고, 분쟁이나 성전의 원천으로도 변형시키지 않을 때 모순에 빠지지 않는다. 또한 무조건적인 윤리학은 정당한 전쟁이라는 특권을 거부한다. 마치 우리가 토론할 때 선입견이 아닌 사실을 받아들이기 위해 판단력을 거부할 수 있는 것처럼 말이다. 이와 같이 비폭력은 전쟁으로부터 승리라는 목표를 제거함으로써 전쟁을 무장해제하고자 한다.

따라서 평화주의의 절대 윤리학의 특징은 평화를 정의 위에 두는 데 있다. 바로 여기에 법적 평화주의를 넘지 않는 어떤 발걸음 혹은 경계가 있다. 법적 평화주의의 세계통합주의적인 노력은 평화를 인간의 정의와 동일시하는 데서 출발하는 것이다. 우드로 윌슨 같은 인류의 자연법에 대한 열렬한 옹호자는 법을 평화 위에 놓을 줄 알아야 했기 때문에 바로 이 정의의 이름으로 미국을 세계대전에 참여시켰다. 그런데 톨스토이 같은 사상가는 진실이나 의미의 영역인 평화의 영역이 지배나 제도의 영역에서 비롯하는 것이 아님을 가르쳐 준다. 지배나 제도가 교회의 것이라 할지라도 말이다. 그러므로 무조건적인 평화주의는 분명 평화를 가르쳐 준다. 그런데 이때 평화는 정치가와 군인이 말하는 것과는 완전히 다른 실재, 그 속에서 윤리학 자체가 평화와 동일시되는 어떤 실재가 된다. 따라서 확신의 평화주의가 절대 윤리학에서 영감을 얻는다면, 그 평화주의의 관점은 핵전쟁의 위험에 직면하여 핵전쟁이라는 단어 사용과 경쟁하는 의미에서 신학적이라고 판단될 것임을 인정해야 한다. 우리는 실제로 인류의 생명이나 죽음을 담보로 할 수 있는 정치적 결정을 '신학적'이라고 규정한 바 있다. 그러한 정치적 결정은 존재와 무 사이의 선택을 초래하기 때문이다. 절대 윤리학은 방법이 아니라 목적에 대한 책임을 무조건적으로 채택하며 의식의 장을 확장하는 데, 이렇게 표현해도 된다면 정신성의 자산을 증식시키는 데 기여한다. 그러므로 절대 윤리학은 힘의 행사와 구별되는 어떤 도덕적 권한을 평화에 부여할 수 있다.

그러나 막스 베버가 비난한 것은 이러한 사유의 특성보다 그것을 **정치 목표**로 만든 데 있다. 또 다른 형태의 주장이 이처럼 '확신의 윤리학'이라는 똑같은 이름하에서 비난받는다. 정치 차원을 도덕 차원과 동일한 것으로 만들려는 의지가 문제되는 것이다. 그러한 열망의 형태는 막스 셸러의 용어인 '도구적 평화주의'[6]로 한층 더 명확하게 표현될 것이다. 거기서 평화는 방법 선택에 따라 생산 또는 '제조될' 수 있는 실재로서 추구되기 때문이다. 막스 베버는 방법 선택에 있어서 평화주의자의 개입이 정치가의 충분한 역량 행사와 양립할 수 없다고 판단한다. 정치화된 평화주의는 확신에 의해 결집되지만, 그 확신에 인간관계를 결정하는 권리와 힘을 부여할 것을 목적으로 한다. 막스 베버는 그 모델을 복음서보다는 혁명적 사회주의에서 찾고, 그것을 묘사하는 어휘도 바꾼다. 즉 '비세계적 윤리학'이 아닌, 있는 그대로의 세계의 비합리성을 바로잡거나 제거하려는 이들의 '범세계-윤리적' 합리주의를 언급하는 것이다. 혁명적 평화주의의 관점에서 정치 질서는 정치 방법을 이데올로기적으로 정당화된 어떤 목적에 맞추도록 촉구된다.

막스 베버는 평화를 원하는 이러한 방식이 정치적으로 위험하다고 판단한다. 그러한 평화주의자는 정치에서 찾을 수 없는 것, 즉 세계의 도덕 질서의 실현을 정치 안에서 모색하기 때문에 이러한 방식은 실패할 운명이라는 것이다. 헤겔은 《정신현상

---

6) 셸러의 《평화 개념과 평화주의》(1931), Éd. Aubier, 1953을 볼 것.

학〉에서 프랑스의 공포 정치 단계를 분석하면서 그 원인을 혁명가들의 비타협성에서 찾았다. 혁명가들은 극도로 순수한 제 이상을 전적으로 인간적인 제도를 통해서는 실현할 수 없었으므로 그들의 절대 확신을 공유할 수 없는 개인을 집단적으로 몰살함으로써 그들 이상의 원리를 확립하는 데 성공했다. 혁명 질서는 공포와 죽음에 의해 강제로 형성되었던 것이다. 우리는 무책임을 유사한 방식으로 이해할 수 있다. 막스 베버는 무책임의 이유를 '인정'에서 찾았는데, 가장 끔찍한 방법들이 선의 이름으로 자행되도록 내버려둠으로써 평화가 얻어질 때 '인정'은 평화 자체를 위해 무책임에서 기인할 수 있는 신뢰 상실을 제대로 보지 않기 때문이다.

우리는 여기서 칸트가 《영구평화론》을 통해 '정치의 이율배반'이라 부른 것, 다시 말해 지혜와 신중함 사이의 대립을 다시 보는 것 같다. 두 윤리 중에서 선택을 해야 한다면 그것은 목적의 영역과 방법의 영역이——하나는 이성적이고자 하고, 다른 하나는 합리적이라고 스스로 생각한다——서로 양립할 수 없음을 뜻하는 것이다. 목적의 영역은 도덕적이다. 인류의 평화는 인류의 가능한 협력에 대한 도덕적 열망을 통해서만 생각할 수 있기 때문이다. 방법의 영역은 정치적이다. 정치는 폭력에 폭력으로 대응함으로써 악을 통해 악에 대처하며, 가장 기대되는 정치의 책임은 최소악에 동참하는 데서 나오기 때문이다. 이 대립이 지속적으로 상호적인 의심을 양산하는 것은 피할 수 없을 것 같다. 평화주의가 평화에 장애가 된다고 생각하는 것이 정치적이라면, 도덕가는 정치가 제 합법성과 힘의 원천을 전쟁에서 길어낸다는 이유로 평화를 불신하는 데에 이의를 제기할 것이다. 도덕이 목적의 절대 우선권을 중시한다면, 정치가는 도덕이 어쩌면 힘의 또 다른 횡령을 위해 평화를 국가 쇠약의 요인으로 만든다고 반박할 것이다. 그 결과 똑같은 물음이 여전히 되돌아온다. 우리는 국가의 지혜와 경험에 기초해서 평화를 보존할 수 있을까?

2. 세계 정부에 대하여

"이제는 모든 것이 일어날 수 있다. 불가능도 실현되었다. 핵분열은 이제 물리 이론가들의 꿈 바깥으로 나왔다. 그것은 태어나면서부터 어른이었다. 때로는 선에 때로는 악에 활용될 수 있는 거대한 힘이 막 태어났다."[7] 이 말은 인류가 스스로 생산한 것을 이해하지 못할 정도의 전대미문의 변화가 전쟁 방식에 일어났다는 의식을 표현한다. 논리적인 결과 혹은 인류의 파멸이나 전쟁의 소멸이라는 결과를 가져올 전쟁의 새로운 변형, 결정적인 변형이 일어난 것이다.

그러므로 지혜의 선택이 사활이 걸린 문제가 되었다는 확신은 현인들에게 강한 인상을 준다. 정치적 합리성이 실제로 방법들에 대한 책임에 있다면, 정치가 세계를 구할 수 있는 지혜를 갖도록 부추기는 것은 이제 기술적인 방법의 소름끼치는 힘이

---

7) 파이스, 《1945년 포츠담 평화 회담》, Éd. Arthaud, 219쪽.

아닌가? 그 위험은 너무 커서 세계 평화라는 유일한 목표가 군대의 권력에서 나오는 것 같아 보일 정도이다. 이러한 사실은 상식선에서 이해 가능할 정도로 명백하다고 버트런드 러셀은 설명한다.[8] 그 위험은 가장 보편적으로 공유하는 동기, 즉 공포에서 기인하기 때문이다. 그러므로 평화주의는 이제 정치 현실주의에 대항할 수 있는 하나의 이상적 선택이 아닌 정치적 합리성 그 자체가 되었다. 인류 역사상 처음으로 방법의 예측과 목표의 선택이 인류의 안전이라는 같은 일에 협력할 것이다. 죽음이나 삶이 선과 악에 대한 인식을 집단·영구적으로 결정할 때 더 이상의 선택은 없고, 힘은 선에만 쓰일 수 있다.

핵무기가 인류의 협력 아니면 파멸을 가져오리라는 확신은 너무 일찍 형성되어 영구 평화의 기획들이 되살아나게 할 수 없었다. 그러한 기획들을 어떤 즉각적으로 실험할 수 있는 프로그램으로, 오늘날 인류의 문제로 만들 필요성이 긴박하게 요구되기는 했지만 말이다. 이런 상황에서 저명한 지식인들은 결국 평화의 영원성을 보장하는 힘을 갖게 될 하나의 세계적인 권한 창설을 권고한다. 예전의 영구 평화의 기획들은 평화적인 의지에 대해 생각했다. 공통되고 보편적인 평화 개념에 대한 정의는 그 개념을 실현할 수 있는 선결 조건으로 밝혀졌다. 그러나 최후의 재난에 직면했다는 절박함을 느낄 때, 즉 평화가 더 이상 가능성이 아닌 필연성이라는 확신, 따라서 의지는 더 이상

---

8) 러셀의 《인류는 계속 존재할 것인가?》(Y. Massip 번역), Éd. John Didier, 1963을 볼 것.

자유로운 것도 지고의 것도 아니며, 사실들의 힘에 의해 결정되어야 한다는 확신이 긴급히 요구될 때 문제 제기 방식은 완전히 반대가 된다. 전쟁의 세계화라는 관점, 파괴적 목표에 의한 세계 공간의 가능한 병합이라는 관점은 평화에 객관적으로 보편적인 전대미문의 지정학적 차원을 부여한다. 이 경우에는 인류 전체를 위한 하나의 정치 기구만이 문제가 될 수 있다.

이 교의적 선택의 원리는 명백하다. 파괴의 힘을 보호의 권력으로 바꾸는 것이다. 그 이론적 정당화는 다음과 같이 요약된다. 최후의 모습이라고 판단된 전쟁이 변화함으로써 평화가 도래한다면 그 전쟁의 변형은 **정치의 변형**과 동일하다. 달리 말하면 정치는 이제 단 하나, 전쟁이 전쟁 자체를 스스로 금하거나 파괴하기만을 원할 수 있다. 원리들을 결정하는 것은 이제 정치가 아니라 공포이다. 세계적 단일성이 어떤 형태로 모습을 드러낼지를 생각하면 이데올로기적으로 대립하는 두 이론가의 해결책들이 떠오를 것이다. 그것은 냉전을 지속시키는 평화에 대해 생각하는 시도들이며, 국가들의 주권이라는 원리에 똑같은 반감을 드러낸다.

1953년 '세계의 정치적 통합'[9]을 옹호하는 기독교 사상가 자크 마리탱은 전쟁의 원인을 국가간 무정부 상태에서 찾는다. 이 무정부 상태가 국가 개념에 전적으로 의거한 근대 정치 사유의 실패를 형성한다는 것이다. 그에게 있어 국가는 평화의 주요 장애물이다. 여기서 그는 자신이 전제주의이며 전체주의라고 유

---

9) 마리탱, 《인간과 국가》, **Éd. PUF**, 1953, 176쪽.

죄 판결을 내린 헤겔철학의 모델을 특히 문제시한다. 따라서 그는 국가들이 공존을 결정할 수 있는 하나의 권한에 복종하지 않는 한 국제 사회는 '정치 기구의 부재' 상태에 머물 것이라고 판단한다. 주권 원리의 전복은 국가들의 공존 조건이다. 주권 원리는 정치의 근거를 권력과 지배로만 보기 때문이다.

주권이 초월해야 하는 원리라면 그 이유는 국가를——이 분석에 따르면——자기 충족적인 단일성으로, 성 토마스 아퀴나스의 용어에 따르면 '완전한 사회'로 볼 수 없기 때문이다. 그리고 하나의 완전한 사회는 스스로를 보호하면서 자급자족하기 때문에 자기를 방어할 수 있는 어떤 자율적인 인간 총체의 유일한 모델은 전(全) 국제 사회이다. 이것은 정치의 의미 및 합목적성의 변화를 암시한다. 힘의 집중이 아닌 함께 살기, 즉 공동 삶의 조직화와 관계 있는 것이 소위 '정치적'이라는 것이다. 주권 개념은 '정치 단체' 개념에 자리를 양보할 것이다. 세계 사회는 이제부터 유일한 정치 단체로 여겨질 수 있다. 고대의 지혜에서 그랬던 것처럼 공동선은 다시 정치의 특별한 합목적성이 되기 때문이다. 하나의 세계적 권한을 통해 힘을 행사하는 것은 공동 삶이라는 지고의 목표, 즉 단일성에, 다시 말해 사적인 의지들을 거의 형이상학적으로 초월하려는 요구에 부합해야 할 것이다. 바로 이것이 핵무기를 권력과 선이 협력하는 어떤 지혜의 도구로 만드는 평화에 대한 한 전망이다.

버트런드 러셀도 정치가 권력 통일의 논리를 따라야 한다는 개념을 공유했다. 그런데 그는 자신의 세계 평화 옹호에 과감히 근대적 어조를 부여한다. 그에게 있어 평화는 과학·기술적인 근대성의 미래인 것이다. 《인류는 계속 존재할 것인가?》가 1961년에 발표됐을 때 버트런드 러셀이 '공포 속의 안정'이라 부른 것, 즉 가장 강력한 두 개의 권력에서 기인한 균형이 널리 퍼져 있었다. '평화'는 핵전쟁을 연기하는 방식, 명백한 자살 행위에 대한 공포가 핵전쟁의 도래를 뒤로 물리는 방식에 지나지 않았던 것이다. 그러므로 그는 실수와 무지에 좌우되어 인류의 생존을 생각하는 집단 히스테리 상황이 참을 수 없이 비합리적이라고 판단한다. 세상의 종말이 시작되기 위해서는 적의 의도를 오독하는 것으로 충분하다는 점에서 실수에 좌우된다는 것이다. 무지에 좌우된다는 의미는 전쟁이 예견과 조절이 불가능한 결과들, 죽음뿐 아니라 또 다른 종류의 인류의 파멸, 신체 손상에 따른 인류의 감소, 방사선 분출에 따른 질병과 기형을 내포하리라는 것이다.

이러한 분석에서 인류의 유전 형질은 일종의 인류 공동선으로서, 인류의 실재적 단일성과 연대를 구체화한다. 바로 여기서 결정에 대한 책임은 너무 무거워 더 이상 정치 영역의 몫이 아니라는 의식이 생긴다. 기술이 지배하는 시대에 결정에 대한 책임은 과학자들의 일이어야 한다는 것이다. 버트런드 러셀은 실제로 파멸에 맞서 결집되는 지식인과 현인 공동체를 촉구한다. 그가 보기에 평화는 과학적으로 명백한 어떤 절대적 필요성으로 인정된다. 또한 "기술의 진보는 하나의 세계 정부를 가능하게 한다." 기술의 진보는 시대에 뒤떨어진 국가간 분열을 기술 진보 자체의 특정 지표, 즉 전 세계 전문가들의 협력과 연합으로 대체함으로써 힘의 전통적 형태를 낡은 것으로 만들기 때문이다. 과학 기술이 인간간 협력을 위해 경쟁을 줄이는 데 기여한다고 생각한 버트런드 러셀은 그것을 평화의 요인으로 간주한다.

우리는 진보가 아주 위험하다고 밝혀졌던 상황에서 등장한 이 같은 옹호에 놀랄 수 있다. 이 추론에서 평화는 과학적으로 **중립 상태**라고 판단된 진보의 합목적성으로 기술의 힘을 제어하는 데, 어떤 의미로는 진보를 진보 자체로 수정하는 데 있다. 버트런드 러셀은 기술 문명 시대의 인류의 진정한 교육을 꿈꾼다. 그 교육의 목적은 '새로운 번영을 창조하는' 것, 최소 비용의 방법으로 확보해야 할 인류 미래의 모험을 기쁨 속에서 체험하는 것이다. 확실히 세계 전쟁의 마지막 승리자는 세계 평화를 이룰 수 있을 것이다. 그러나 가장 합리적인 해결책은 가장 위험하지 않다고 밝혀진 해결책이다. 모두가 전멸할 수 있는 위험 앞에서 저마다 타협하는 것, 그리고 국가들이 최고 권력을 부여받은 하나의 국제적 권위에 따르기로 결심하는 것은 정치적으로 이성적인 것이다.

이러한 주장들이 권력의 지혜가 생기도록 하는지, 아니면 어떤 지고의 지혜가 권력을 갖도록 하는지 아는 것은 쉽지 않다. 그 둘은 섞여 있기 때문이다. 세계 정부 옹호자들이 확신에 찬 평화주의자인 것은 일반적으로 의문의 여지가 없다. 또한 세계 정치를 추진함으로써 전쟁을 비정치화하고자 하는 역설은 어느 정도 정신의 충돌을 낳을 것이다. 세계 정부가 하나의 지배 권력의 영향하에서 이데올로기적으로 강조되리라는 의혹을 떠올리지 않더라도 평화를 실현하는 이 방법이 지배라는 단 하나의 방식으로 평화를 보장하는 것은 분명하다. 하나의 보편 제국을 지지하는 이들의 추론은 토머스 홉스가 안전이라는 이름으로 국가 구성원들에 대한 국가 절대 권력의 필연적 생성을 설명하기 위해 이전에 개진했던 것이다. 국가간 무정부 상태를 논거 변명으로 내세우는 보편 제국 지지자들은——그들은 국가간 무정부 상태를 공포와 불안정의 유일한 근원으로 본다——폭력의 독점권을 결코 저항할 수 없는 어떤 지고의 권력에 부여해야 한다고 결론 내린다.

러셀이 그러한 저항할 수 없는 권력은 "전쟁을 할 수밖에 없다면 다른 이들에게는 큰 위험을 주지 않고 어느 날 반역자들을 진압할 수 있을 것"[10]이라고 쓸 때, 그는 국가 차원이 아닌 세계 차원에 속하는 정치 현실주의의 새로운 원리, 말하자면 최종 병기는 절대적인 적들을 낳을 뿐이라는 원리를 적용한다. 이 주장은 아주 순진한 확신, 총체성 속에서의 인류는 병기 비축품과 전쟁만 없다면 파멸에 이르지 않으리라는 확신에 근거를 둘 수 있을 것이다. 그러나 그러한 세계의 **단일성**이 결국 공포에 의한 새로운 **질서**가 되며, 그 공포의 최종 이익은 우리가 가장 현명하다고 믿는 잠재적 승리자에게 은연중에 주어질 것이라고 어떻게 생각지 않을 것인가? 그러한 방법의 원동력은 도덕이 아니라 죽음, 즉 권력을 존중하지 않을 때 죽음만이 그것을 벌하리라는 확신이다. 우리가 힘을 신임할 때 법은 필요없고 "가장 강해지기 위해 행동하는 것으로 충분하다"고 장 자크 루소는 말하였다. 그런데 죽음을 대가로 지불하는 방법의 기술적

---

10) 러셀, 앞의 책, 108쪽.

기량은, 이렇게 말해도 된다면 죽음을 '확보하는' 힘은 분명 권력을 위한 어떤 결정적 질서를 보장한다. 더 강하지도 더 '현명하지도' 않은 '반역자들'로 하여금 전쟁을 못하게 함으로써 '지지자들'의 생존을 가져오는 것은 바로 권력인 것이다.

3. 실용주의적 지평

지구가 하나의 유한한 세계, 소통과 정보의 공동망으로 연결된 '지구촌' 차원의 닫힌 세계임을 자각할 때 전쟁의 위협을 지적하는 것, 이것이 전쟁학 창시자[11]의 눈에 비친 내일의 평화를 위한 선결 조건이다. 거기에는 인간이 하나의 세계에서 함께 사는 것을 배워야 한다는 전제가 있다. 여기서 하나의 세계란 전적인 파괴를 가져오는 전쟁은 불가능하다는 전략상의 중요한 가설이 전제되어 있는 세계를 뜻한다. '핵금지'는 전략적으로 볼 때 모두에게 비합리적인 어떤 극단에 이르는 것을 공동으로 거부함을 의미한다. 핵무기를 정치적 무기로밖에 간주할 수 없다는 결론은 여기서 나온다. 핵무기는 군사적 차원의 결정에 있어서 그것의 사용을 단념시키는 데만 쓰일 수 있다. 따라서 위험에 대한 공공의 이해, 즉 모두가 똑같이 상처받기 쉽다는 인식을 통해 정치의 연장이 되고자 하는 것은 더 이상 상호 억제도 전쟁도 아니다.

---

11) G. 보우툴의 《전쟁의 위협》, Éd. PUF, 1976을 볼 것.

군비 축소 또는 억제라는 행동 지침은, 승리를 가져오지 못하기 때문에 전쟁 무기로 더 이상 사용할 수 없는 어떤 무기로부터는 어떠한 전략적 이점도 이끌어 낼 수 없음을 표출시킬 뿐이다. 그러므로 평화의 운명은 군대의 질적 기술의 운명을 따르는 것처럼 보인다. 최상 및 최악의 정치 지혜도 그 기술에 따라 형성되는 것이다. 막스 베버가 기술 진보의 성공과 분리할 수 없다고 생각했던 환멸이 오늘날에는 특이하게도 전쟁에 적용되는 것 같다. 전쟁이 그 자체로 여전히 더 비인간적인 이미지를 보여주는 경향이 있다면, 그것은 인간이 더 잔인해져서가 아니라 전쟁이 방법의 경제성을 계산함으로써 생기는 엄정한 효력을 지닌 기량 덕택에, 말하자면 인간 없이도 일어날 수 있기 때문이다.

상호 신임에 근거한 긴장 완화의 기후가 국가들 사이에 생기길 바라는 희망은 국제 사회 내부에 다음과 같은 새로운 형태의 합의가 수립될 것을 전제로 한다: 단지 평화적인 방법으로 평화를 획득할 수 있도록 하라. 평화가 마침내 세계 문명의 문제가 되게 하라. 그러면 평화를 향한 똑같은 관심이 전쟁에 대한 공동의 공포에 첨가되거나 대체되기를 바랄 수 있을 것이다. 공포나 보편적 군주제로 확보한 평화는 모든 이들의 공통된 욕구가 화합함으로써 이루어지는 어떤 평화적인 공존으로 대체될 수 있지 않을까? 지구가 똑같은 유한성으로 하나가 되는 이상, 공동의 이익은 자연적으로 공동체의 이익을 형성하지 않을까?

우리는 공공 규정이라는 방법으로 조화를 실현하려던 희망이 원리 차원에서는 항상 모순——중재의 시도들이 실패한 것은 일반적으로 이 모순 탓이다——에 부딪쳤음을 알고 있다. 법에 의한 평화의 이론가들은 국가의 다수성의 실존을 선뜻 인정하지만 동시에 다수의 국가가 보통법이라는 상위의 권위에 자유롭게 따를 것을 기대한 것이다. 이것이 바로 주권 국가의 독립 형성을 승인하고 국제 연대의 이름으로 국가 해체를 명령하는 방식이다. 이론적으로는 논의의 여지없이 이성적인 이 국제법 개념은 실천에 있어서는 각 나라가 공공 규칙에 **복종함**으로써만 적용될 수 있다. 이 개념은 오늘날 상처를 덜 입히는 혹은 덜 고통스러운 또 다른 이론 경향, 즉 연맹 구조로 국가들을 점진적으로 **통합**하는 방법과 경쟁 관계에 있다. 이렇듯 협력과 소통에 기초한 여러 국제 조직에 이를 수 있는 기능·구조적 통합의 수많은 이론들이 20세기 한가운데서 펼쳐진다. 국가들이 국제 규정에 똑같이 순응해야 할 필연성 대신에 국가들의 경제·사회적 상호 의존이 강조되고, 그것은 주권에서 공동의 관심을 가진 기구들이나 다수 체제 조직들로의 점진적 이동을 정당화한다.

이러한 관점에서 평온한 평화 회복은 일반화할 수 있는 경제·기술 협력을 촉진하는 상업·산업적 상보성에서 기인할 수 있을 것이다. 교역을 이루는 것, 똑같은 생각 및 결정 방식을 확산시키는 정보 및 지식을 결성하는 것은 실제로 그러한 상보성을 통해서이다. 전쟁이 진보된 기술의 시대로 진입한 것과 마찬가지로 평화 또한 산업·기술 문명의 시기에 자리할 수 있을 것이다. 이런 의미에서 사실들은 그 자체로 진행되는 것 같다. 즉 경제 발전의 관점에서 이익은 그 자체로 다층화된 교역 및 소통의 초국가적 요인으로 인정될 뿐 아니라 국제화하려는 욕구 및 사회·법률·문화적으로 다양화된 공공 제어의 욕구를 이끌어 낸다. 그러므로 세계의 이익이라는 공동의 임무에 참여하는 것, 또는 지구-경제적이며 지정학적인 똑같은 조건하에 결합된 다수의 실체들을 형성하는 것은 화합의 구조적 실현을 기대하게 만든다. 국가들은 형성된 대로의 세계와 협력하기 위해 제 지고의 고립에서 벗어남으로써 화합에 이를 것이다. 이렇게 이해된 통합은 절차와 익숙해지기의 문제이다. 국가들은 결정이 초국가적 차원에서 이루어지는 것에 익숙해질 것이다.

레이몽 아롱의 표현에 따르면 이 '고통 없는 연방제' 혹은 '은밀한 연방제' [12]는 실용주의적 평화철학의 새로운 형태를 위한 원리들을 함축한다. 이 연방제의 근거는 상호 의존이 독립보다 우위에 있으며, 국가 단계를 넘어서는 연방제 고유 구조들의 우선권을 받아들이게 할 것이라는 전제에 있다. 따라서 국가들이 주권을 제한하거나 포기하는 일은 평온하고도 폭력 없이 이루어질 수 있을 것이다. 국가는 이제부터 번영과 안전의 조건을 결정하는 행동망에 구조적으로 예속되기 때문이다. 평화에 대한 이 효과적인 전망은 전혀 공상적이거나 비현실적이지 않으며, 한마디로 거추장스럽고 시의적절하지 않은 것 같은 메시아 신앙의 의지주의 전체와 다르다. 그 옛날의 통일의 꿈과 이상보다 산업 사회와 후기 산업 사회에 더 적절한 실용주의적 합리주의로 충분하다. 사유 방식은 이데올로기의 혁명 없이

---

12) 레이몽 아롱, 《국가간 평화와 전쟁》, Éd. Calmann-Lévy, 1962, 733쪽.

그 자체로 개선될 것이다. 각 국가는 새로운 결정권을 위해 양성된 엘리트들, 초국가적 임무를 위해 탈국가화된 엘리트들을 양산한다. 경제 혹은 법 분야의 전문가인 그들은 전문 기술 관리 집단의 주역임을 나타내는 '관리인' '테크노크라트' '경영자' 라는 말로 불린다. 그들은 합의에 의한 새로운 관계들, 즉 국가의 대립을 넘어서는 일종의 '도구적 합의' 의 발기인이다. '과학' 분야의 이러한 중재의 관점에서 국가간 대립을 제거하는 일은 점점 동질화되는 하나의 국제 사회로의 저항할 수 없는 움직임을 동반할 것이다.

이러한 관점에서 국제주의는 국가 의지의, 따라서 국가 주권의 표현이었던 정치에 대한 전통적 개념의 피할 수 없는 후퇴를 내포한다. 국가 개념을 국제 질서보다 아래에 두기 위해 분석 방법을 완전히 바꾸는 것은 국제법의 새로운 개념을 위해 한스 켈젠이 권장한 방식[13]이다. 켈젠의 주장은 이렇듯 국가 역할의 약화를 바라거나 인정했던 이들에게 새로운 법철학의 버팀목을 제공한다. 그 고찰의 출발점은 다음과 같이 비판적이다: 자연법 철학을 계승한 전통적인 주장들은 모호하면서도 이데올로기적인 주권 의지의 개념을 짐스럽게 지니고 있었다. 그러한 실체는 법에 대한 과학적 분석으로 와해되는 어떤 형이상학적 허구일 뿐임을 보여주는 것이 국제적인 법질서가 국가의 법질서보다 우위에 있음을 밝히는 조건이다.

한스 켈젠에 따르면 주권이라는 교의가 유지되는 한 진정한

---

13) 한스 켈젠의 《법에 대한 순수 이론》(1934), Éd. Dalloz, 1962을 볼 것.

국제법은 존재하지 않을 것이다. 그러므로 그는 국가-인격자라는 신화를 통해 전파된 원시적 사고 방식을 반드시 해결해야 한다고 판단한다. 국가에 '주체'나 '인격자'라는 전 과학적 개념을 적용하려는 시도를 없애려면 과학적으로 실증적인 어떤 법 개념이 필요하다. 이 분석에서 정치 의지라는 개념은 법의 영역에서 배제된다. 정치 의지는 이데올로기의 사적인 선택만을 나타내기 때문이다. 이러한 전제들을 바탕으로 법 규칙의 유효성은 국가들의 의지라는 주관적 토대를 근거로 할 수 없으며, 따라서 법의 기능을 기술적인 측면에서 객관적으로 생각해야 한다는 결론이 나온다. 법의 기능이 의무와 승인의 원천으로서 그 자체로 충분한 것이 되도록 말이다. 한스 켈젠은 이와 같이 국가 의지에 의거하지 않음으로써 하나의 국가란 한 장소에서 효력이 있는 몇몇 규범의 창조자가 될 자격을 부여받은 하나의 기관에 지나지 않음을 보여준다. 바로 여기서 법의 효력을 형성하는 것은 힘도 주권도 아닌 법의 체계성, 즉 소송의 규칙성으로 하나의 논리적인 전체를 형성하는 법적 능력이라는 결론이 나온다. 법은 규범의 서열화된 체계에 지나지 않으므로 이데올로기적으로 중립 상태에 있는 정의, 국가는 더 방대한 국제적인 법질서의 한 부분일 뿐이라는 정의를 국가에 적용할 수 있게 된다. 국제 사회가 중앙집권화 단계에 충분히 도달할 때 그 실효성은 일률적으로 인정받을 수 있을 것이다. 바로 이것이 법 영역을 보편적으로 확장할 수 있는, 정치적이지 않으며 과학적인 조건이다.

지극히 당연한 일이긴 하지만 단순히 법 절차의 문제에 국한된, 규범의 '순수한' 기능에 대한 아주 비현실적인 이 해석은 상식의 기준을 박탈한다. 상식이 형성되는 환경을 구성하는 것이 규범인 것이다. 상식은 법적인 방법들의 이러한 동질화 속에서 또 다른 법규를 낳는 데 쓰이는 법규와, 그 법규의 적용을 장려할 뿐인 승인 외에 다른 것은 보지 않을 것이다. 정의는 더 이상 의식 및 의지에 대한 열망으로서 요구될 수 없으므로 법은 주체 없는 체계로 이해될 것이다. 법질서의 동질성이 이제부터 정의라는 아주 이상적인 개념을 대체하기 때문이다. 그런데 전문가의 능력이 어떤 국제적인 법질서의 권한을 이해하고 보장할 수만 있다면, 인간은 이제 스스로를 '정치적 동물'로 여기지 않아도 된다는 결론을 내려야 하는가?

4. 새로운 불안들

이러한 경향들은 공통적으로 한나 아렌트가 '탈정치의 유혹'이라 부른 것, 국가의 비정치화로 경도되는 일반적 성향을 띤다. 국가가 질서 관리와 유지라는 지역적 임무에 국한된 조절 기관에 지나지 않는다면, 단순한 '행정 장치'로 축소된 "정치 분쟁은 군대가 경찰력으로 대체되는 관료주의적 방법으로 해결되리라"[14] 믿을 수 있지 않을까? 바로 여기서 인류의 어떤 동질

---

14) 아렌트, 《정치는 무엇인가?》 1955-1959년 작성본(S. Courtine-Denamy 번역), Éd. du Seuil, 1995, 36쪽.

적 문명에의 희망이 생긴다. 인류의 생존에 주의를 기울이며 폭력적이거나 무정부주의적이라고 판단된 국가의 특권에 보호책을 마련할 수 있을 문명 말이다.

칼 슈미트는 이같은 현상을 전반적으로 평화적인 기술 문명의 출현에 대한 서구의 믿음을 낳는 것이라고 묘사하였다.[15] 법률·경제·기술공학적 통합에의 희망들은 세계에 대한 똑같은 이미지, 하나의 방대한 시민 사회라는 이미지 속에서 서로 협력한다. 이러한 분석의 근거는 결국 기술에 부여된 중립성에 있고, 그와 같은 선상에 '정신의 중립주의'에 대한 기대가 있다. 비폭력적이라고 판단된 기술 문제에 있어서 국가들·의견들·문제점들은 모두 똑같이 상대적인 것이다. 이와 같이 '기술'은 단지 사물들의 총체만이 아닌 어떤 정신성, 문제 전체를 순수하게 기구적이고 절차적인 각도하에서 다룰 준비가 된 사유 방식, 문제 전체를 평가 대상이나 개념의 문제로 만들 준비가 된 사유 방식을 가리키는 더 넓은 문화적 의미를 획득한다.

평화의 운명은 정보와 소비에 직면한 똑같은 행동들의 일반화로 규격·세계화된 문명의 운명과 오늘날 밀접히 연결되어 있다는 생각이 널리 퍼져 있었다. 그러나 이 말은 새로운 불안의 표현이 되었다. 과학·기술적 합리성의 전 세계적 확장이라는 관점은 우리가 근대성의 끝에 있다는 감정을 일깨운다. 인간 해방과 본성의 지배를 목적으로 하는 근대 문명은 보편적으로 사용할 수 있는 합리적 도구들을 반환함으로써 마침내 그 끝에

---

15) 슈미트의 《정치 입문》(1931), Éd. Flammarion, 1992을 볼 것.

이를 것이다. 그러나 세계의 새 역사, 진정으로 보편적인 인류의 역사가 미래 당사자들로부터 확언되었지만 예측할 수는 없는 실재적 상호 의존을 통해 시작되리라는 의식도 동시에 생겨난다. 문명을 짓누를 위험이 이제부터는 문명 자체로부터 생길 뿐이라는 의식은, 평화의 문제를 미래에 어떻게 표명해야 할지 알아야 하는 과제를 제일선에 부각시킨다.

전쟁과 평화가 여전히 국가들의 책임과 관련 있으므로 정치 현실주의는 교의적 방침들에서 영감을 얻고, 그로 인해 불안에 대처할 수 있게 된다. 그 중에서 가장 '이상주의적'이지 않은 것은 평화주의적 환상의 위험 전체를 차단하는 방침이다. 그 주요 논거는 평화의 비정치화라는 관점이 전쟁의 비정치화를 의미하는 것도, 반드시 가져오는 것도 아니라는 것이다. 세계를 방대한 시민 사회와 동일시하고자 하는 시각이 분명 유혹적이라면, 거기서 가장 큰 불안이 생길 수도 있음을 간과하는 것은 오류일 것이다. 경제적 이익들이 비록 공유할 수는 있는 것이라 해도 거기서 어떤 세계 질서가 출현하리라 희망하는 것은 이중으로 순진한 일일 수 있기 때문이다. 실제적인 이익들은 우리가 그렇게 믿고 싶어하듯 대수롭지 않은 것이 아니며(경제 원조나 경제 봉쇄는 실제 무기로 사용될 수 있다), 공동의 것이 된다고 해도 정치 단체와 똑같은 진정한 어떤 단체를 창조할 수도 수립할 수도 없는 것이다. 거기에는 함께 살고자 하는 심오함, 공동체의 목표를 위한 힘과 합법성이 없다.

이러한 상황에서 국가의 몰락이 평화를 가져오리라 믿는 것은 헛된 일처럼, 국가의 몰락으로 인해 가장 끔찍한 전쟁의 위험이 더 커질 뿐이라고 생각하는 것이 현실주의적인 것처럼 보일 수 있다. 세계적 규모의 분쟁 위험은 평화를 전쟁 상태로 변형시키고, 반드시 없애야 하는 절대적인 적——인간성의 영향력이 닿지 않는 곳으로 내던져졌으며, 법의 영향력이 미치지 않는 곳에서 죄를 범하는 평화의 적——에 대한 절대적인 적의를 낳는 것이다. 이러한 것이 칼 슈미트가 평화의 가능한 비정치화라는 환상에 맞서 내놓은 전망이다. 우리가 보편적인 법의 군림에서, 그리고 동등한 기술공학적 팽창을 통해 보장되는 단체나 경제 이익 단체에서 기인하리라 믿게 될 평화는 실제로 평화와 전쟁의 미구분 상태, 영구 평화라는 외양 아래에서 영속화되는 전쟁에 지나지 않을 것이다. 국제법의 전통적 한계를 벗어나는 더 끔찍한 또 다른 폭력들이 더 소름끼치고 조절하기 힘든 것으로 드러날 것이다. 따라서 국가간 전쟁을 전통적인 방식으로 규제하는 정치 현실주의가 여전히 덜 위험한 것으로 판단된다. 정치 현실주의는 전쟁을 적의를 멈추게 함으로써 어떤 끝을 모색하는 하나의 예외 상태로 만들기 때문이다.

현실주의는 국가들이 힘을 강화해야 한다는 교훈을 낳고, 그것을 채택하는 이들은 정치가든 군인이든 평정을 위해 군대를 선택하는 자이다. 자신의 단일성과 정체성을 확신하는 강대국들은 전체의 평정이라는 관점에서 덜 위험하고, 조금은 예측 가능한 파트너들인 것이다.

그런데 신중함을 독려하는 것과 국가의 한계 없는 권력 옹호를 어떻게 구별할 것인가? 전쟁에 대한 적절한 정치가 있을 뿐인 극단적 현실주의, 그것의 모호성과 위험은 남아 있다. 정치가

엄청난 초인간적인 힘, 즉 살고 죽는 이유를 최종 결정하는 힘의 행사와 동일시되는 한 현실주의는 평화를 달갑지 않은 목표물로 만드는 호전적 우주생성론들을 부활시키는 데 경도된다.[16] 현실주의는 전쟁으로 위협받는 삶, 그리고 평화 속에서의 무위의 삶 사이의 선택만을 승인함으로써 폭력의 효능들을 여전히 옹호하도록 할 뿐이며, 힘의 유일한 정당성도 그 폭력의 효능에서 찾는다. 극단적 현실주의는 정치 방법이라기보다 무엇으로도 대체할 수 없다고 전제된, 전쟁을 보는 군대의 방식이다.

그렇지만 정치 현실주의의 또 다른 측면, 국가들의 신중함과 유일하고도 공통된 지혜——극단적인 해결책들을 똑같이 거부함으로써 전쟁을 피할 수 있는 것으로 만드는 지혜——를 연결하고자 노력하는 측면도 있다. 레이몽 아롱과 한나 아렌트의 철학은 제각각 자기 방식으로 평화 정치의 가능성을 정치적으로 생각하고자 했다. 권력 이상으로 정치 지혜의 특징을 이루는 예측 불가능과 불안의 몫을 근거로 해서 말이다. 평화가 정치 문제로 머물러 있다면 그것은 평화가 인간의 지혜, 즉 인간의 책임을 촉구하는 인간의 문제이기 때문이다. 그리고 인간의 지혜는 세계적 규모의 기술 문명의 지평을 하나의 해결책이라기보다 의연히 대처해야 할 새로운 시험으로 여기도록 촉구한다.

이러한 관점에서 보면 국가가 평화에 대해 책임이 없다고 말하는 것은 가능하지도 바람직하지도 않다. 정치 지혜 전부를 거

---

16) 《반갑지 않은 평화》를 볼 것. 이것은 전문위원회가 전쟁의 유용성에 대해 실행한 조사 보고서이다. 1967년 미합중국에서, 1968년과 1984년 칼만-레비(Calmann-Lévy)에서 출판되었다.

부하는 것은 비합리적이라고 여기지 않을 정도로 우리는 충분히 이성적이어야 한다. 국가들이 여전히 평화적인 공존의 장본인이자 수혜자인 시기에 탈정치적 실용주의의 승리라는 결론에 이르는 것은 시의적절하지 않을 것 같다. 국민간 경제적 상호 의존이 진정한 정치 단체를 창조할 수 있을지 아직 증명되지 않았으므로 하나의 통합된 세계 문명에의 모든 열망은 국가에서 추상적으로 제거된, 부정적일 뿐인 능력과 자질을 동반할 위험이 있다. 연방이라는 해결책들은 그 기저에 실재적 자율성에 대한 관심으로 활성화되는 어떠한 공동의 실존 의지도 없는 만큼 추측들로 머물러 있다. 국가들의 법률·경제적 통합이라는 관점은 달성하고자 하는 것을 출발점으로 자처하기 때문에 여전히 정치적 사유의 양태에 좌우된다. 그 관점은 동질화된 기술·정치관료적 문명의 추측상의 성공을 내세우려는 국가들의 의지를 이론적으로 제거해야 하는 것이다.

따라서 국제 사회가 아직도 정치적 실존을 갖추지 않은 어떤 실재임을, 그리고 국제 사회가 제 결정을 최종적으로 책임지는 방법을 갖고 있지 않은 시기에 국제 사회의 규범을 세우는 일이 시기상조임을 인정할 필요가 있다. "태어나려는 세계를 제어하는 데 필요한 자질들은 추상 개념과 밀접한 연관이 있다. 미래는 구체적인 방식으로 고착화할 수 없으며, 희망과 실재의 관계에 대한 분석은 본래 추측의 영역에 속하는"[17] 것이다. 예전에 이루어졌던 공포의 평정이 미래의 불안에 자리를 내준 세계에

---

17) 키신저, 《외교술》(M.-F. de Paloméra 번역), Éd. Fayard, 1996, 763쪽.

서, 평화 정치는 폭력의 전면적 축소라는 국가들의 공동 관심사에 의거함으로써 국가들의 지혜를 신임한다. 현실의 획일화에 동참하든 국가주의의 새로운 세분화를 가져오든, 현실에 서로 대립되게 영향을 끼치는 경향들을 법적으로 확인하는 평화 정치는 현실주의를 실재의 원리로 채택한다. 그것은 사실들의 영역에서 제 길을 찾는 것이다. 세계의 단일성이 여전히 인류의 표현과 열망의 대상이므로 있는 그대로의 세계의 실재를 형성하고, 공존의 실질적인 기회를 결정하는 이는 국민들이다. 국민들의 실존과 다양성은 실재적이며 실질적인 것이다. 평화를 바라는 일이 일회적이지 않아야 한다면, 가장 힘든 일은 여전히 미래에 있을 것이다.

결 론

인류는 스스로를 파괴할 수 있을 만큼 전쟁을 벌이는 힘을 가졌으므로, 현실은 이제 그 자체로 인류의 단일성을 강요한다고 우리는 말할 수 있었다. 이러한 관점을 역사의 어떤 끝에 도달한 하나의 결론으로 이해하는 것, 다시 말해 평화를 사실로 인정할 수도, 대상으로 관리할 수도 있을 것이라고 믿는 것은 유혹적이다. 세계 정부 신봉자들은 평화를 욕망이 단일화된 하나의 문명에 전적으로 좌우되는 목표물로 받아들인다.

그런데 평화에의 열망은 단일성에의 희망과 보편성에의 희망을 모두 자극한다. 단일성에의 희망은 보통법을 준수하는 인간을 기대한다. 또한 보편성에의 희망은 인간이 공동의 가치를 공유하기를 원한다.

단일성은 패권주의적인 방법들을 그것이 정치적이든 이데올로기적이든 기술적이든 있는 그대로 받아들일 수 있다. 완전한 동질성은 만약에 실현 가능하다면 세계에 닫힌 사회의 단일성을 부여하겠지만, 삶을 가장 기본적인 양상들로 국한시킬 수도 있을 것이다. 현실이 우리 모두로 하여금 물질적이고 기술적인 똑같은 문명의 단일성을 결국 받아들이게 할 것이라는 생각은 아주 널리 퍼져 있긴 하지만 완전하지는 않은 한 결론일 것이다. 인류가 이제부터 똑같은 운명에 처하리라는 확신은 평화의 또 다른 차원을 강조하는 관점들에 이른다. 발견해야 하는 여러 문명과 종교 간의 윤리적이고 정신적인 소통의 차원 말이다.

평화는 같은 목표에 대한 공동의 지지나 열망에 좌우되는 순수한 가능성의 차원이라는 점에서 보편성에의 희망과 관계 있다. 평화가 이상적인 차원의 어떤 가치이므로 그 실현이 있을 법하지 않다고 생각할 수 있다. 일반적으로 이상은 충족에 대한 비현실적인 약속으로 이해되고, 그 충족의 만기일은 무한히 연기되기 때문이다. 그러나 아주 다른 의미에서, 지배 내용 전체가 사라진 보편성의 가장 간결하고도 유연한 형태는 이상적이다. 평화가 단 하나의 형태로 고착되지 않고 소유자도 없는 개념이며 어떤 '보편적인' 가치로 정의될 수 있는 것은 여기서 연유한다. 그러므로 평화는 행동 방식이라기보다 행동 능력 전체에 선행하는 가능성, 바로 그 가능성에 대한 확신을 새로 만들어 내거나 부활시키는 세계 내 존재 방식이다.

참고 문헌

ARENDT H., *L'Impérialisme*, trad. de M. Leiris, Éd. Fayard, 1982.

— *Qu'est-ce que la politique?*, trad. de S. Courtine-Denamy, Éd. du Seuil, 1995.

ARON R., *Paix et guerre entre les nations*, Éd. Calmann-Lévy, 1962.

— *Penser la guerre, Clausevits*, Éd. Gallimard, 1976.

BOUTHOUL G. et Carrère R., *Le Défi de la guerre, 1740-1974*, Éd. PUF, 1976.

CHANTEUR J., *De la guerre à la paix*, Éd. PUF, 1989.

GLUCKSMANN A., *Le Discours de la guerre*, Éd. L'Herne, 1967.

GOYARD-FABRE S., *La Construction de la paix*, Éd. Vrin, 1994.

JASPERS K., *La Bombe atomique et l'avenir de l'homme*, trad. d'E. Saget, Éd. Buchet-Chastel, 1963.

MERLE M., *Pacifisme et internationalisme*, Éd. Armand Colin, 1966.

PHILONENKO A., *Essais sur la philosophie de la guerre*, Éd. Vrin, 1976.

RUSSELL B., *Histoire des idées au XIXe siècle*, trad. de A.-M. Petit-jean, Éd. Gallimard, 1951.

— *L'homme survivra-t-il?*, trad. de Y. Massip, Éd. John Didier, 1963.

RUYSSEN Th., *Les Sources doctrinales de l'internationalisme*, Éd. PUF, 1954.

SCHELER M., *L'Idée de paix et le pacifisme*, trad. de R. Tandonnet,

Éd. Aubier, 1953.

TOYNBEE A. J., *La Civilisation à l'épreuve*, trad. de R. Villoteau, Éd. NRF, 1951.

ZORGBIDE Ch., *La Paix*, Éd. PUF, 1984.

색 인

모니크 카스티요

푸아티에대학 교수. 그녀의 연구는 비판철학 · 윤리학 · 생명윤
리학 및 정치학을 대상으로 하며,《칸트와 문화의 미래》(1990)
《칸트, 비평의 발견 》(1997)을 출간했다.

장정아

부산대 불어불문학과 박사과정 수료

역서:《개인》(東文選)

평 화

초판발행 : 2005년 8월 25일

東文選

제10-64호, 78. 12. 16 등록

110-300 서울 종로구 관훈동 74

전화 : 737-2795

편집설계 : 李姃뭇

ISBN 89-8038-553-6 94100

ISBN 89-8038-050-X(세트 : 현대신서)

【東文選 現代新書】

15 탄트라	A. 무케르지 / 金龜山	16,000원
16 조선민족무용기본	최승희	15,000원
17 몽고문화사	D. 마이달 / 金龜山	8,000원
18 신화 미술 제사	張光直 / 李 徹	절판
19 아시아 무용의 인류학	宮尾慈良 / 沈雨晟	20,000원
20 아시아 민족음악순례	藤井知昭 / 沈雨晟	5,000원
21 華夏美學	李澤厚 / 權 瑚	20,000원
22 道	張立文 / 權 瑚	18,000원
23 朝鮮의 占卜과 豫言	村山智順 / 金禧慶	28,000원
24 원시미술	L. 아담 / 金仁煥	16,000원
25 朝鮮民俗誌	秋葉隆 / 沈雨晟	12,000원
26 神話의 이미지	J. 캠벨 / 扈承喜	근간
27 原始佛敎	中村元 / 鄭泰爀	8,000원
28 朝鮮女俗考	李能和 / 金尙憶	24,000원
29 朝鮮解語花史(조선기생사)	李能和 / 李在崑	25,000원
30 조선창극사	鄭魯湜	17,000원
31 동양회화미학	崔炳植	18,000원
32 性과 결혼의 민족학	和田正平 / 沈雨晟	9,000원
33 農漁俗談辭典	宋在璇	12,000원
34 朝鮮의 鬼神	村山智順 / 金禧慶	12,000원
35 道敎와 中國文化	葛兆光 / 沈揆昊	15,000원
36 禪宗과 中國文化	葛兆光 / 鄭相泓 · 任炳權	8,000원
37 오페라의 역사	L. 오레이 / 류연희	절판
38 인도종교미술	A. 무케르지 / 崔炳植	14,000원
39 힌두교의 그림언어	안넬리제 外 / 全在星	9,000원
40 중국고대사회	許進雄 / 洪 熹	30,000원
41 중국문화개론	李宗桂 / 李宰碩	23,000원
42 龍鳳文化源流	王大有 / 林東錫	25,000원
43 甲骨學通論	王宇信 / 李宰碩	40,000원
44 朝鮮巫俗考	李能和 / 李在崑	20,000원
45 미술과 페미니즘	N. 부루드 外 / 扈承喜	9,000원
46 아프리카미술	P. 윌레뜨 / 崔炳植	절판
47 美의 歷程	李澤厚 / 尹壽榮	28,000원
48 曼茶羅의 神들	立川武藏 / 金龜山	19,000원
49 朝鮮歲時記	洪錫謨 外/李錫浩	30,000원
50 하 상	蘇曉康 外 / 洪 熹	절판
51 武藝圖譜通志 實技解題	正 祖 / 沈雨晟 · 金光錫	15,000원
52 古文字學첫걸음	李學勤 / 河永三	14,000원
53 體育美學	胡小明 / 閔永淑	18,000원
54 아시아 美術의 再發見	崔炳植	9,000원
55 曆과 占의 科學	永田久 / 沈雨晟	8,000원
56 中國小學史	胡奇光 / 李宰碩	20,000원

57	中國甲骨學史	吳浩坤 外 / 梁東淑	35,000원
58	꿈의 철학	劉文英 / 河永三	22,000원
59	女神들의 인도	立川武藏 / 金龜山	19,000원
60	性의 역사	J. L. 플랑드렝 / 편집부	18,000원
61	쉬르섹슈얼리티	W. 챠드윅 / 편집부	10,000원
62	여성속담사전	宋在璇	18,000원
63	박재서희곡선	朴栽緒	10,000원
64	東北民族源流	孫進己 / 林東錫	13,000원
65	朝鮮巫俗의 研究(상·하)	赤松智城·秋葉隆 / 沈雨晟	28,000원
66	中國文學 속의 孤獨感	斯波六郎 / 尹壽榮	8,000원
67	한국사회주의 연극운동사	李康列	8,000원
68	스포츠인류학	K. 블랑챠드 外 / 박기동 外	12,000원
69	리조복식도감	리팔찬	20,000원
70	娼 婦	A. 꼬르벵 / 李宗旼	22,000원
71	조선민요연구	高晶玉	30,000원
72	楚文化史	張正明 / 南宗鎭	26,000원
73	시간, 욕망, 그리고 공포	A. 코르뱅 / 변기찬	18,000원
74	本國劍	金光錫	40,000원
75	노트와 반노트	E. 이오네스코 / 박형섭	20,000원
76	朝鮮美術史研究	尹喜淳	7,000원
77	拳法要訣	金光錫	30,000원
78	艸衣選集	艸衣意恂 / 林鍾旭	20,000원
79	漢語音韻學講義	董少文 / 林東錫	10,000원
80	이오네스코 연극미학	C. 위베르 / 박형섭	9,000원
81	중국문자훈고학사전	全廣鎭 편역	23,000원
82	상말속담사전	宋在璇	10,000원
83	書法論叢	沈尹默 / 郭魯鳳	16,000원
84	침실의 문화사	P. 디비 / 편집부	9,000원
85	禮의 精神	柳 肅 / 洪 熹	20,000원
86	조선공예개관	沈雨晟 편역	30,000원
87	性愛의 社會史	J. 솔레 / 李宗旼	18,000원
88	러시아미술사	A. I. 조토프 / 이건수	22,000원
89	中國書藝論文選	郭魯鳳 選譯	25,000원
90	朝鮮美術史	關野貞 / 沈雨晟	30,000원
91	美術版 탄트라	P. 로쉰 / 편집부	8,000원
92	군달리니	A. 무케르지 / 편집부	9,000원
93	카마수트라	바짜야나 / 鄭泰爀	18,000원
94	중국언어학총론	J. 노먼 / 全廣鎭	28,000원
95	運氣學說	任應秋 / 李宰碩	15,000원
96	동물속담사전	宋在璇	20,000원
97	자본주의의 아비투스	P. 부르디외 / 최종철	10,000원
98	宗敎學入門	F. 막스 뮐러 / 金龜山	10,000원

■ 얀 이야기 ① 얀과 카와카마스	마치다 준 / 김은진 · 한인숙	8,000원
■ 어린이 수묵화의 첫걸음(전6권)	趙 陽 / 편집부	각권 5,000원
■ 오늘 다 못다한 말은	이외수 편	7,000원
■ 오블라디 오블라다, 인생은 브래지어 위를 흐른다	무라카미 하루키 / 김난주	7,000원
■ 이젠 다시 유혹하지 않으련다	P. 쌍소 / 서민원	9,000원
■ 인생은 앞유리를 통해서 보라	B. 바게트 / 박해순	5,000원
■ 자기를 다스리는 지혜	한인숙 편저	10,000원
■ 천연기념물이 된 바보	최병식	7,800원
■ 原本 武藝圖譜通志	正祖 命撰	60,000원
■ 테오의 여행 (전5권)	C. 클레망 / 양영란	각권 6,000원
■ 한글 설원 (상 · 중 · 하)	임동석 옮김	각권 7,000원
■ 한글 안자춘추	임동석 옮김	8,000원
■ 한글 수신기 (상 · 하)	임동석 옮김	각권 8,000원

【만 화】

■ 동물학	C. 세르	14,000원
■ 블랙 유머와 흰 가운의 의료인들	C. 세르	14,000원
■ 비스 콩프리	C. 세르	14,000원
■ 세르(평전)	Y. 프레미옹 / 서민원	16,000원
■ 자가 수리공	C. 세르	14,000원
▨ 못말리는 제임스	M. 톤라 / 이영주	12,000원
▨ 레드와 로버	B. 바세트 / 이영주	12,000원

【동문선 주네스】

■ 고독하지 않은 홀로되기	P. 들레름 · M. 들레름 / 박정오	8,000원
■ 이젠 나도 느껴요!	이사벨 주니오 그림	14,000원
■ 이젠 나도 알아요!	도로테 드 몽프리드 그림	16,000원

【조병화 작품집】

■ 공존의 이유	제11시집	5,000원
■ 그리운 사람이 있다는 것은	제45시집	5,000원
■ 길	애송시모음집	10,000원
■ 개구리의 명상	제40시집	3,000원
■ 그리움	애송시화집	7,000원
■ 꿈	고희기념자선시집	10,000원
■ 넘을 수 없는 세월	제53시집	10,000원
■ 따뜻한 슬픔	제49시집	5,000원
■ 버리고 싶은 유산	제 1시집	3,000원
■ 사랑의 노숙	애송시집	4,000원
■ 사랑의 여백	애송시화집	5,000원
■ 사랑이 가기 전에	제 5시집	4,000원
■ 남은 세월의 이삭	제 52시집	6,000원